リッツ·パリのカクテル物語

The Cocktails of The Ritz Paris

The Cocktails of The Ritz Paris

written by : Colin Peter Field

illustrated by : Yoko Ueta

コリン・ピーター・フィールド 著
植田 洋子 絵
山本 博・山本やよい 訳

リッツ・パリのカクテル物語

The Cocktails of The Ritz Paris

BAR HEMINGWAY
RITZ PARIS

里文出版

Bar Hemingway
Yoko

まずは乾杯！

なにしろ、カクテル・ブックというのは数が多いんだなぁ。それを、アメリカの本だけでなく、ヨーロッパ中のものまで、1冊残らずと言ってよいほど買い集めてきた。それだけでなく、そこに出てくるカクテルを、片っ端から実際に自分でつくって試してみた。ずいぶん手間と時間がかかった。そうした本は、それなりに結構面白いのだが、どうも肝心カナメのところが書かれていない。つまり、ひとつひとつのカクテルが、いつ、どこで、だれが、いかなる理由でつくったかという誕生の点がうやむやにされているのだ。まあ、それも仕方がないかもしれない。そもそもカクテルの起源なるものは、立証が困難な難問なのだ。この本を読んでいただければ、そのわけがわかってくる。ひとつ例をとってみると、コスモポリタンなるカクテルがある。まぎれもなく、その名の通り世界中で飲まれている著名なカクテルの部類に入る。これはそう古いものではない。それでさえ、カクテル・ブックを何冊も書いているわがバーテンダー仲間に言わせると、その正確な起源をたどるのはお手上げなんだそうだ。

カクテルの起源なるものを探求しようとする者にとって、頭痛の種がある。「これこれしかじかのカクテルは、わが店が創造したもの」と有名なバーが自慢している眉唾話がごまんとあることだ。神話や伝説の世界でもよくあることだが、何かの拍子にふざけ半分に喋った思いつき話でも、繰り返し繰り返し話しているうちに、それをでっちあげた当の本人までが、本当のことのように思いこんでしまうんだ！

もちろん、ありとあらゆるカクテルがある中で、その起源がすべて曖昧模糊というわけではない。ロンドン生まれのジン・フィズから始まって、ニューオーリンズ生まれのラモス・フィズ、シンガポールの〈ラッフルズ・ホテル〉生まれのシンガポール・スリング、キューバの鉱山にちなんで名づけられたジェニングズ・コックス・ダイキリなどは、その身元はかなり確かなものだ。それから、ギブソン。ニューヨークの〈プラザ・ホテル〉のバーに入りびたっていたチャールズ・デイナ・ギブソンの名を取ったものだ。ベリーニがヴェニスの〈ハリー・チプリアーニのバー〉で生まれたこともわかっている。ついでに言っておくと、そこで出してくれる目の玉が飛び出るほど高いカルパッチョをつまみながら、こいつをやるのは最高。

ひとつ断言できることがある。ほとんどのカクテルは、何かを、さもなくば誰かを祝うために誕生したものなのだ。ところが残念なことに、あるカクテルが有名になるにつれて、その誕生にこれっぽっちもかかわりを持たなかったくせに、その発明の手柄を横取りしようという横着な連中が出てくる。

また、他人の書いたものを、本当かどうか確かめもせずに鵜呑みにして、丸写しをする書き手も結構多い。そのため、もともとが間違っているのに、それがそのまま広まってしまうのだ。

それなら、どうやって真実を見極めることができるのか？　つぎの例を見れば、真実の探求なるものが至難の業だということがおわかりいただけるだろう。

カクテルについて真実を探求する難しさ

ベルナール・ベルタン・アジモンは、初めはパリのホテル、リッツ・パリの中にある〈プティ・バー〉のバーテンダーとして働き、後にホテル全体のヘッド・バーテンダーになった男である。ある日、ランチをとりながら、1950年代にブラッディ・メリーを創ったいきさつを話してくれた。もともとは、アーネスト・ヘミングウェイのために創ったものなのだそうだ。この作家は医者から酒をやめるように言われていた。妻のメアリはこの禁酒命令を深刻に受け入れ、夫に厳しい監視の目を光らせていた。なんとかそれをうまくくぐり抜けなければならないんだと言われて、ベルタンは頭をひねったあげく、独創的なカクテルを考え出した。アルコールはたっぷり入っているが、息の匂いからは嗅ぎつけられないというカクテルである。ヘミングウェイは“くそったれ《ブラッディ》女房”を出し抜いたのが嬉しくてたまらず、そのカクテルに妻の名前をつけたのだそうだ。この話を聞くと、誰しもこのカクテルが、かくして、この世に誕生し、やがて世界に広まって行ったと、思いこむことだろう。ところが、話はそう単純には行かない。

と言うのも、ヘミングウェイが1947年に書いた自筆の手紙があって、その中にブラッディ・メリーのつくり方がくわしく書いてある。その上、彼が1941年にすでに中国でこのカクテルを飲んだことも書かれているのだ。

もしかすると、ベルタンがこのカクテルを創った年について記憶ちがいをしていたのかもしれない。いや、ひょっとすると、そもそもベルタンはこのカクテルの誕生に無関係だったかもしれない。A・E・ホッチナーの伝記『パパ・ヘミングウェイ』によると、ヘミングウェイは競馬でどの馬に賭けるかを決める際に、ベルタンの「天下無類のブラッディ・メリー」を1杯ひっかけるのが、儀式のようになっていたそうだ。しかし、それだけでは、ベルタンがこのレシピを創案したという証拠にはならない。

多くの本に、このカクテルを創ったのはパリのフェルナン・プティオだと書かれている（プティオは、後の1930年代になって、ニューヨークのセント・リージス・ホテルに移っている）。どうやら、この有名なカクテルについても、歴史的に掘り下げてみて、本格的に調べなおす必要がありそうだ。

ロシアでは1917年の革命以後、何年かにわたってウォッカがひどく手に入り難くなっていた。それどころか、1935年までウォッカの製造は禁止されていた。販売が許可されていたお酒はビールとワインだった。ウォッカというお酒がないわけではなかったが、なにしろおそろしくまずくて、しかもアルコールが20度以下という、およそウォッカと呼べない代物だった。当時この国では、酒類の製造は国家の独占事業になっていた。ロシアの詩人ウラジミール・マヤコフスキーは、その作品『デュ・モンド・ジェ・フェ・ル・トゥール』の中で、アメリカで暮らす何十万人ものロシア人とポーランド人の好きなカクテルはジンのジンジャーエール割りだと書いている。このカクテルは“アメリカン・シャンパン”とか“禁酒法時代のシャンパン”とも呼ばれていた。考えてみると、このカクテルの中に、すでにモスコー・ミュール（ウォッカのジンジャービア割り）の原型があったわけだ。

革命後に、ロシア国外でスミノフ・ウォッカ（当時はSmirnovと綴られていた）の市場開拓を任されていたのは、ウラジミール・アルセニェヴィッチという人物だったらしい。初めはイスタンブール、次にポーランドで醸造所を造ろうとしたが、努力は水の泡と消えた。そこで、フランスへ移住し、名前の綴りをSmirnoffに変え、ピエール・スミノフという会社を興した。この社名は、スミノフ（Smirnov）ウォッカの製造工場をロシア最大のウォッカ醸造所にしたピョートル・アルセニェヴィッチにちなんだものだった。スミノフ（Smirnoff）の最初の醸造所は1928年にパリ郊外に建てられたが、3ヶ月もしないうちにつぶれてしまった。次はニースに造られたが、結果は同じだった。1933年にすでに、製造権の一部はアメリカに売り渡されていたが、最後にそれがヒューブライン社の手に渡ることになる。アメリカ合衆国では、1934年になってウォッカの製造が合法的になった（もっとも、正確な製法が伝えられていたわけではなかった）。前に触れたフェルナン・プティオは、この時すでにセント・リージス・ホテルに移り、後にブラッディ・メリーの品のいい変形版とみなされるようになったカクテル、レッド・スナッパーをお客に出していたらしい。とはいうものの、ウォッカの販売量が飛躍的に伸びたのは、第二次大戦が終わってからのことである。

フランク・メイエが1936年に出した『カクテル・ブック』によると、トマトジュースを使ったカクテルは、シカゴのカレッジ・イン・フード・プロダクト社が1928年に最初に考案したという。と言っても、この“カクテル”なるものには、塩とウスターソースこそ使われているが、肝心のアルコールが入っていない。ところで、シカゴは1920年代に新聞記者の巣として名を売った〈バケット・オブ・ブラッド・クラブ〉があった街である。1899年にシカゴのオーク・パークで生まれ、1920年代に新聞記者をやっていた男といったら誰だろう。アーネスト・ヘミングウェイなのだ！

ベルタンが1970年代初めに、彼のカクテルについての話を公表した時、それに異議を唱えた者は1人もいなかった。しかし、40年代以前にこのカクテルがこの世に存在したことを示す証拠はどこにもないようだ。少なくとも、わたしが手にした証拠はない。1921年にヘミングウェイとハドリー・リチャードソンが結婚して生まれた長男のジャックから、内緒で聞いた話だが、第二次大戦が終わるまで、ブラッディ・メリーを飲んだ記憶は全くないそうだ。

さて、前にちょっと触れたヘミングウェイの自筆の手紙の抜粋を見てみよう。1947年4月5日に、バーナード・ペイトン宛に書かれたものである。

「親愛なるバーニー

ピッチャー1杯のブラッディ・メリーをつくるには（これより少ない量だと意味がない）、まず大きなピッチャーを用意して、それに入れられるぎりぎりの大きさの氷を放りこむ（氷がすぐ溶けてカクテルを薄めてしまうのを防ぐためだ）。ロシア産の上等なウォッカ1パイントと、同量の冷えたトマトジュースを混ぜ合わせる。スプーン1杯のウスターソースを加える。リー・アンド・ペリンズ社のものを使うのがふつうだが、A1ソースか上質のステーキソースにしてもいい。しっかりステアする。次に、しぼりたてのレモン汁を1ジガー加える。次に、セロリソルト、唐辛子の粉、黒胡椒を入れる。もう一度ステアして、どんな具合か味見をしてみる。強すぎるようだったら、トマトジュースを足して和らげる…。1941年に僕がこの酒を香港に紹介したんだが、あの英国植民地が崩壊したのは、他のいかなる要素よりもこの酒が大きな原動力になったに違いないと確信しているよ。もっとも、日本軍のことは別の話だがね。コツさえのみこんでしまえば、アルコール分を全然含んでいないような味をしているが、すごく強いマティーニにも負けないパンチ力を持った酒になる……ロシアの製法でつくられているウォッカがニュージャージーにあって、結構いける。名前が思いだせないが……」

ヘミングウェイはさらに続けて書いている。*「エスタ・シ・ピカンという素敵なメキシカン・ソース（タバスコをマイルドにした味）があって、これもブラッディ・メリーの味つけに向いている。ただし、ほんの2、3滴にとどめておくことだ」*

カクテルの起源をたどろうと思い立った者にとって、目の前に立ちふさがる壁はかくの通りなのである。

本書に刺激を受けて――そう数は多くなくてもいいから――自分の店で創案したカクテルの誕生譚を書き残すバーテンダーが増えてくれることを願っている。ブラッディ・メリーにしても、本当にこれを創り出したバーテンダーがその時それを書き残しておいてくれたら、現在これだけ有名になっているこのカクテルの起源について、ややこしい騒ぎをしないですんだだろう。夢を見るだけとか、たわいのない与太話をでっちあげるだけなら、誰でもできるんだが……。ここまで書いてきたとき、わたしはある日のことを思い出した。それは1955年頃、スミノフ・ウォッカの宣伝キャンペーンが行われていた時だ。当時、アメリカのバーテンダー協会のボス的存在だったジョージ・ジェセルが、ブラッディ・メリーを発明したのは自分なんだと熱っぽく宣言したのだ。これに立ち向かって反論するには相当な決心が必要だし、かなりの自信がないとできないことだ。陰でこそこそ苦情を言う者はいても、彼の宣言に公の席で異議を述べる者はひとりもいなかった。

サイドカー・カクテルはどうだろう？

コニャック	5/10
コアントロー	3/10
レモン果汁	2/10

材料をシェーカーに入れる。カクテルグラスで出す。

「このカクテルは、わが店の創案！」と自称しているバーが、世界に何軒もある。おそらく、そうしたバーの関係者達は、本気でそう思いこんでいるのだろう。しかし、世界でもっとも人気の

yoko

高いカクテル・ブックのひとつ『ストーク・クラブ・バー・ブック』(ルーシャス・ビービ著、1946年刊) から、一部を抜粋してお目にかけよう。

「著者のわたしが知るかぎり、いや、信じているかぎりでは、サイドカーを考案したのはフランク・メイエである。フランクは有名な〈パリ・リッツ・バー〉のスタッフで、バーの責任者だった。時は20年代初めの黄金時代である。

リッツ・パリの〈メンズ・バー〉(カンボン通り側にあった) と、〈ジョー・ツェリの店〉、そして〈ハリーのニューヨーク・バー〉が、世界の呑ん兵衛のメッカ的存在だった時代があった。大西洋航路の客船が着くたびに、平価切り下げによって懐をふくらませた呑ん兵衛のヤンキーが何百人となく船から吐き出された時代だった。そうした時代に、〈リッツ・バー〉のフランクこそが、世界に名を知られた名バーテンダーであったし、何千人ものアメリカ人にとって、愉快で、気前がよくて、とても思いやりのあるパリの友人でもあった。

〈リッツ・バー〉は高尚で、安くはなかったし、およそ俗っぽさと無縁だった。モーニング・コートにフケを落としているような客は1人もいなかった。当時のスペイン国王エバンデル・ベリー・ホール、英国皇太子、フィル・プラント、ウィリアム・B・リーズ、パリで亡命生活を送るロシアの皇族達が常連客だった。また、このメンズ・バーでは、夏になるとハーヴァードやイェールやプリンストンのエリート学生が羽目をはずしていたし、時にはウィリアムズやダートマスというような民主的大学の学生もそれにご一緒させていただけるという、至極幸福な場所でもあった。

間違いだらけの人間の記憶のなかで断定できる限りでは、サイドカーは、フランクが1923年頃、スティンガーの姉妹版として考えついたものだ。もっとも、おそろしく高い材料が使われていた。フランクはご贔屓のお客様がお出ましになると、このカクテルをつくったが、それにはリッツが独自に瓶詰めした1865年もののコニャックが使われていた。1946年当時、1杯の値段はアメリカ・ドルに換算して5ドルぐらいだった……」。

ここに書かれていることは、どれもが嘘いつわりのない話のようにきこえる。「何千人ものアメリカ人にとって、フランクは気前がよくて、とても思いやりのある友人だった」というビービ氏の言葉までがそうである。しかし、「平価切り下げ」が行われた当時のフランス・フランの貨幣価値の実情を知っている者なら、フランクの“思いやり”がどんなものであったか、すぐわかるだろう。また、バーテンダー生活の最後の数年間になってから、フランクは彼自身のプロ意識と思いやりなるものの犠牲者になっていたようである。常連客に毎日のように〈リッツ・バー〉へ足を運んでもらいたいがために、お客の勘定を自分の持ち金で立て替え払いしていた。そして、そのツケをイギリスにある自分の口座に振り込むように頼んでいた。店に損をさせるわけではないから、そうした取引きが不正なものだとは思わなかったのかもしれない。蛇足と言われるのを覚悟で言わせてもらえば、わたしにしても自分のお客を満足させるためならできるかぎりのことをする。いいバーテンダーというものは、お店を流行らせるためならどんなことでもするものだ。23時間ぶっ通しで働くことだって尻ごみしない (事実、1999年の大晦日から2000年の年明けまで、わたしもそうした徹夜仕事をやってのけた)。

さて、話をサイドカーに戻そう。このカクテルの発見者がフランクであることを示す事実が、次々と出てくるようだ。しかし……フランク・メイエは1936年に出した有名な著書『カクテルづくりの技術』の中で、なぜサイドカーが自分の考案にかかるものであることを書き残しておかなかったのだろう。ジョン・マックィーンのカクテル・ブック（1903年刊）も、グラン・オテル・パリの有名なヘッド・バーテンダー、フランク・P・ニューマンの素晴らしい著書『アメリカン・バー』(1907年刊）も、このことに触れていない。ロンドンの〈エンバシー・クラブ〉にいたロバートという人物は、その著書『カクテル——その作り方』の中で、サイドカーの発明者は〈バックス・クラブ〉で働いていたマッガリーというバーテンダーだと書いている。1930年に出された有名な『ザ・サヴォイ・カクテルブック』には、サイドカーが載っている。その5年後に出た『オールド・ミスター・ボストン』にはくわしいレシピまで登場している……しかし、発明者の名前はどこにも出てこない。

コニャックは、年代の違ったものを調合《ブレンド》して造るから、瓶に収穫年《ヴィンテージ》が表示されないのがふつうである。しかし、リッツ・パリのコニャック、“ヴィンテージ1865年”は実在のものだ。いろいろな機会に、わたしは1812年、1830年、1834年を出してきた。実をいうと、わたしのお客の多くが気に入ったのは1813年ものだった。わたしもこれが好きだ。こうした、ごく稀な貴重品のコニャックを数多く出してきた経験から言えることだが、“フィロキセラ禍以前”のコニャックについても、好みのうるさい客がいる（訳註：フィロキセラとはぶどうの害虫で、1860年代から90年代にかけて、ヨーロッパ中のぶどう畑を壊滅状態にした)。ごく限られた人達だが、こうした驚くべき人達の執念といったらたいしたもので、自説の正しさを立証するために、自分の好みのフィロキセラ禍以前の貴重なコニャックを論敵に飲ませることまでするのだ。そうした客のひとりは——仮にノアと呼ぶことにしよう——バーに居合わせていた夫婦が何か特別の結婚記念日を祝っていることを耳にして、その夫婦に1850年のコニャックを2杯もプレゼントした。この夫婦はバーの中でいささか固くなっていたようだが、一生の記念になるカクテルを飲むためにリッツ・パリにくるのを長年の夢にしていたようだった。

わたしがこの本を書いている現在、リッツ・パリには、熟成と年代が保証つきの“フィーヌ・シャンパーニュ・コニャック1830年”が残っている（訳註：フィーヌ・シャンパーニュとは、コニャック生産地の中の最上のもの)。ごく少数の特別な常連客だけに、1本10万フラン（14,815ユーロ、約200万円）で売っている。こうしたたぐいまれなお酒のストックは限られているので、リッツ・パリの貴重な世襲財産ともいうべきこのコニャックを出し渋るわたしの気持ちも、ご理解いただけると思う。

以上に述べてきたことが、カクテル探偵団の仕事の一例であり、情熱を注ぎこめる趣味でもある。バーテンダーの中には、自分のところのカクテル伝説を死守したいという者もいるだろうが、真実にたどりついたときには、伝説よりも実話のほうがはるかに偉大な存在になる。少なくとも、わたしはそう信じている。また、バーテンダーが単にカクテルづくりのプロと言うよりも、カクテルづくりという技術の歴史を研究する者として世に認められることを、切に願っている。中世の錬金術師みたいだと言われるかもしれないが、現代のバーテンダーは、自己の持つ力を完璧にわきまえている知的な紳士でもあるのだ。

わたしは長年にわたって、自分がパリで発明したカクテルの一部を、同業者がつくり始めるのを見てきた。身に余る光栄とも言えるので、その点では、この場を借りて同業者達にお礼を言いたい。ただ、あるレシピがそっくり盗用されて他の名前のカクテルに化けていたり、カクテルの名前はそのままでありながら、原価を抑えるために材料が勝手に変えられたりするのを見るのは悲しい。いくつかの新しいカクテルと、一連の“パーフェクト・カクテル”のシリーズは、リッツ・パリの〈バー・ヘミングウェイ〉で誕生した（パーフェクト・カクテルについては、あとでくわしく説明する）。このことは間違いのない事実である。これから何年も先の将来、世界中のお客様を楽しませるために、これらのカクテルがつくり続けられていくだろう。ただ、カクテルの名前と、その材料だけは尊重してもらいたい。わたしの願いは、それだけである。

実を言うと、わたしがこの本を書こうと決心した動機は、その点にあった。だから、この本のタイトルは『道はかくの如し』にしてもよかったのだ。

「カクテルは、早めの時間にバーにきて1日の疲れを癒そうとする人や、強いけれど少し変わった面白さもあるお酒を飲みたいと思う人達にとって、頼りがいのある飲み物である……ジュレップなどに比べると、そう古いものではないが、親戚というべき“クラスタ”とともに、これからもその地位を守って行くだろう」

これは『冷えたカップと美味なる酒』（ウィリアム・テリントン著、1870年刊）の中に出てくる一節である。

最近は、ちょっと手に入りにくいような材料まで使った酔い心地のいいカクテルが生まれている。目下のところ、材料には不自由しないのだから、不足しているのはカクテルを創作するための知的な想像力だろう。新しいカクテルをつくることは誰にでもできる。これは事実である。しかし、口の肥えた現代の客は、新しい、より強い、より複雑な味わいの世界にたどりつこうとして、高価なワインやお酒をかつてないほど飲むようになっている。こうした素晴らしいお客様が、バーテンダーに創作の機会を与えてくれるのだ。いうまでもなく、凡庸なものは馬鹿にされてしまう。ソース作りの名人と言われるシェフと同じように、バーテンダーもカクテルの材料について経験と思慮深さを身につけなければならない。カクテルを実験的に創ってみようとする時は、足を地につけておかなければならない。ちょっと有名になりたいために、馬鹿げた変わり種を創ってみようと思うのは論外である。カクテルを創造する時は、まず、紙の上で理論的に考えてみて、それが納得の行くものに仕上がってから初めて、実際に材料を混ぜ合わせてみるというのが正しいやり方なのだ。そして、自分できちんと味わってみて、その上でお客様にバーテンダーの想像力と経験の果実を味わっていただくべきである。この基本的原則を守っているかどうかを、常に反省してみなければならない。

新しいカクテルの時代を創り出す時がやって来た。未来のクラシック・カクテルは、今、まさに発明されつつある。ちょうど、過去のクラシック・カクテルが、マンハッタン、パリ、ミラノを始めとする地球の各地で発明されてきたように。ただ、今度は素直に行くとしよう！　そして、誰が、何を、どうやって、何故、何時発明したかを、正確に書き残しておくことにしようではないか。

YOKO

目　次

yoko

はじめに

〈バー・ヘミングウェイ〉は、おそらく、いま、世界でもっとも重視されているバーのひとつだろう。《フォーブズ・デジタル・ツール》というメールマガジンは、“世界でもっとも偉大なバー・1998年"に挙げてくれたし、そのヘッド・バーテンダーを“世界でもっとも偉大なバーテンダー"としてくれた。2001年の《フォーブズ》誌は、本書の著者であるわたしを、世界の優れたバーテンダーのひとりに選んでくれている。わたしは1983年に、マティーニ・グランプリ・ワールド・カクテル大会で2位に入賞し、以後ずっとトップの座を保っている。《ル・フィガロ》紙は〈バー・ヘミングウェイ〉のバーテンダーを、建築家、舞踊家、シェフ、作家などと並べて、フランスでもっともクリエイティブな20人のひとりに挙げてくれている。《タイムズ》紙は〈バー・ヘミングウェイ〉を、“パリでもっとも厳重に保たれている秘密"と呼んでくれたし、世界中から、バーのサービスに対する賞賛の言葉が寄せられている。2001年に、《ル・フィガロ》紙は〈バー・ヘミングウェイ〉こそ世界最高のドライ・マティーニを出すバーだとほめてくれた。

〈バー・ヘミングウェイ〉の物語は1921年に幕をあける。この年、リッツ・パリのカンボン通り側に、お酒と軽いおつまみを出すバーを開くことになったのだ。ピコの手で、当時の流行だったアール・デコ様式を使った〈ル・カフェ・パリジャン〉が設計された。ヘッド・バーテンダーはフランク・メイエに決まり、世界のエリートをお客様として迎えることになる。ウィンストン・チャーチル卿、セオドア・ローズヴェルト大統領、ノエル・カワード、スコット・フィッツジェラルド、コール・ポーター——ざっと挙げただけでも、こうした方々がおられる。フランク・メイエが、スペイン国王のために“ロイヤル・ハイボール"(コニャックと苺とシャンパンでつくる爽やかなカクテル)を創ったのも、この時代であった。

このバーの真向かいに、愛らしい木の壁に囲まれた、手紙を書いたり本を読んだりするためのとても小さな部屋があった。これがやがて、ご婦人のためのウェイティング・ルームに変わり、夫を待つご婦人方がそこでゆったりすごすようになった（当時のバーは女人禁制だった）。1936年に、メインバーが男女両方を受け入れるようになり、それと同時にセカンドバーが造られた。これが〈ル・プティ・バー〉で、ベルナール・ベルタン・アジモンが1975年に引退するまで、ヘッド・バーテンダーをつとめることになる。〈ル・プティ・バー〉は、アーネスト・ヘミングウェイのお気に入りの巣になった。ヘミングウェイがリッツ・パリを知ったのは1925年である。祖国を捨てたアメリカの芸術家や作家が贔屓にしていた酒場〈デキシーズ・バー〉で、スコット・フィッツジェラルドと出会った後のことだった。〈デキシーズ・バー〉はなくなってしまったが、〈ル・プティ・バー〉は現在〈バー・ヘミングウェイ〉と名前を替えて繁盛をつづけている。ヘミングウェイは、このバーを活動の拠点にしていて、オートゥイユ競馬場の馬券作戦を練るのに何時間も費やしたものだった。A・E・ホッチナーの著書『パパ・ヘミングウェイ』を読むと、フランク、ジョージ、ベルタンといったバーテンダーのために、当日の馬券を買ってやっていたと書いてある。ベルタンがつくるブラッディ・メリーから霊感を受けて、馬券選びをしていたのだ。

アーネスト・ヘミングウェイは、友達のデヴィッド・ブルース大佐（後の駐仏アメリカ大使）とともに、このバーで第二次大戦後に酒を飲んだ最初のアメリカ人だった。解放されたパリに従軍記者として乗りこんでくるやいなや、まず、シェイクスピア・アンド・カンパニー書店でシルヴィア・ビーチに挨拶した。そのあと、すぐにリッツ・パリのバーへ直行したのだ。そこで温かく迎えられて、現在〈バー・ヘミングウェイ〉として知られている部屋に案内され、部下達と一緒にドライ・マティーニを51杯も飲んだのだそうだ。〈バー・ヘミングウェイ〉という名前は、ヘミングウェイに何度か酒を出したことのあるバーテンダー、クロード・ドコベールの提案によってつけられた。余談になるが、わたしは1989年に、〈レストラン・オ・プティ・リシュ〉で、ヘミングウェイと知り合いだったアメリカ大使の1人、カーリー氏にたびたび酒を出したことがあるが、カクテルの飲み比べでは、どうしてもカーリー氏に太刀打ちできなかった。たぶん、氏にとっても、ヘミングウェイと幾度も飲んだマティーニが忘れられない思い出になっていたことだろう。

1962年、シャルル・リッツは、ホテルのヴァンドーム広場側に3つ目のバーを造ることにした。〈ラウンジ・バー〉と名づけられたこのバーは、現在、昼間も客でにぎわっていて、アフタヌーン・ティーとスコーンを自慢にしている。

ヴァンドーム広場側のバーに重点が置かれたのに加えて、1970年代後半に入るとベルタンが〈ル・プティ・バー〉から引退したため、〈ル・プティ・バー〉はアーネスト・ヘミングウェイがかつて釣りをしていた川のごとく蛇行し、翳りを生じはじめた。1980年代半ばにはついに営業を停止して、特別なパーティだけに使われるようになった。

〈ル・プティ・バー〉の営業再開に諸手をあげて賛成していたジャック・ヘミングウェイの協力を得て、リッツ・パリはバーのリニューアル・オープン計画を立てた。1994年、ここのバーテンダーになりたいという長年の夢を実現するチャンスが、わたしのところにめぐってきた。わたしがリッツ・パリで働きたいという手紙を初めて出したのは1979年のことだったのだ。リッツ・パリとわたしは、〈バー・ヘミングウェイ〉のリニューアル・オープンという“一大イベント"を盛りあげるために、持てる力のすべてを注ぎこんだ。幸せなことに、この年はヘミングウェイがリッツ・パリのバーを解放した年から数えて、ちょうど50周年にあたっていた。

夢は実現した！　〈バー・ヘミングウェイ〉の成功を疑ったことは一度もなかったのだが。現に1998年には、途方もなくふえてきた新しい客を受け入れるために、バーを拡張することが決まった。さらにうれしいことに（これこそ、ヘッド・バーテンダーに与えられる最高の栄誉だが)、リッツ・パリの経営陣は、拡張部分の設計を、わたしと二番手のバーテンダーのジョアン・ビュルゴスにまかせてくれた。たまたま、わたしは〈シャルル・リッツ・グリル・ルーム〉の物置で、古いメカジキ《エスパドン》の看板を探しだした。もう使われなくなっていて、人目に触れることはほとんどなかったのだ。それを持ちだして〈バー・ヘミングウェイ〉の店内にかけた。この掘りだしものにわたしは大満足だった。ところが、ある日、リッツ・パリに出勤したら、なんと、わたしの（わたしが釣りあげたのだから！）エスパドンが〈エスパドン・レストラン〉の方にかかっているではないか。ヴァンドーム広場に面したドアのずっと上の方に飾られていた。ヘミングウェイが釣った魚に逃げられた経験を持っているとしたら、そのときの彼と似た思いを、わたしも味わうことになった！

次ページ：
バーの椅子の配置は、常連客にとってとても重要である。部屋のどこで何がおきているかを、あからさまでなく知りたいときに、そして、多少の慎みも保っておきたいときに、この椅子の配置はきわめて貴重なものになる。

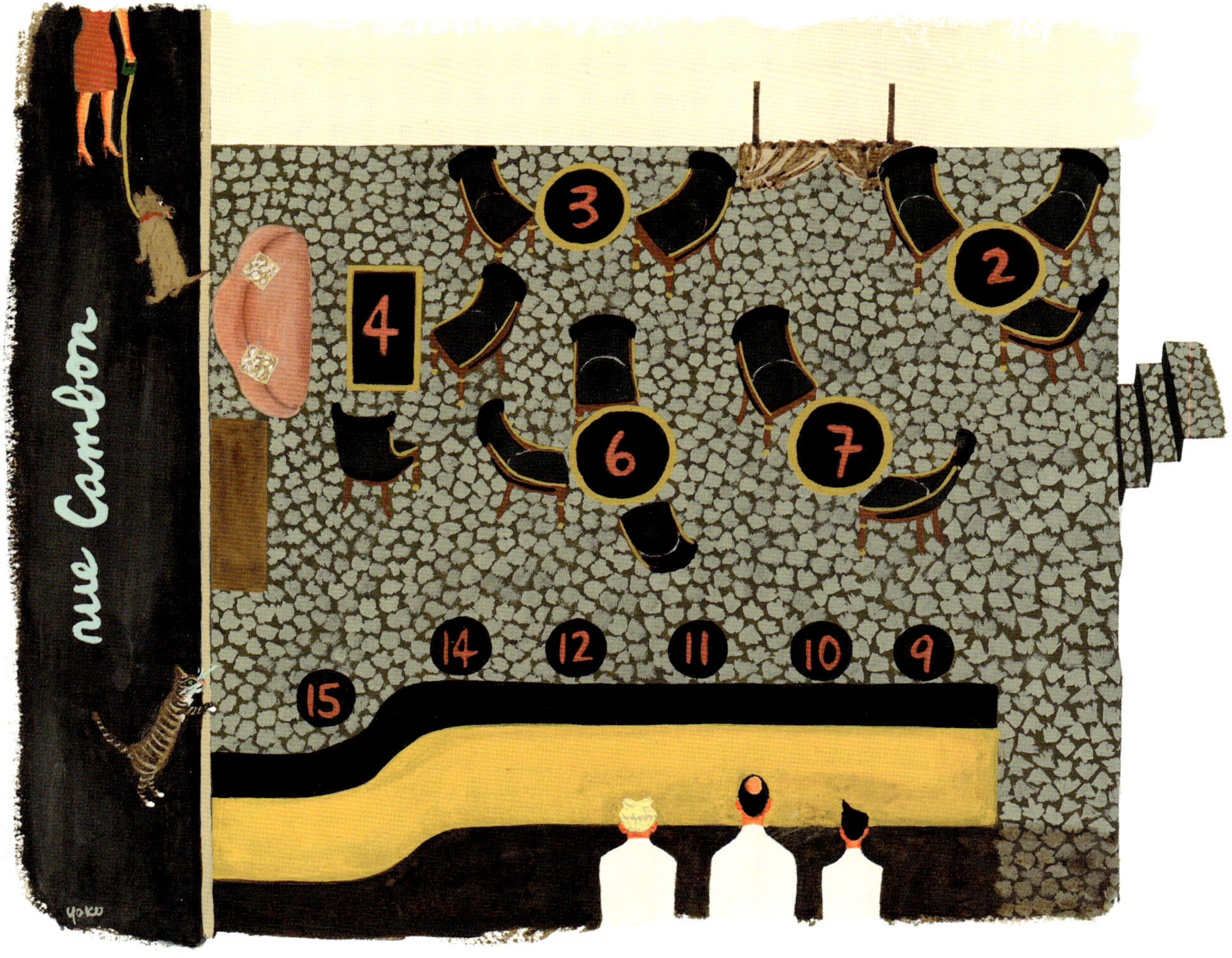
rue Cambon
3
2
4
6
7
14
12
11
10
9
15
yoko

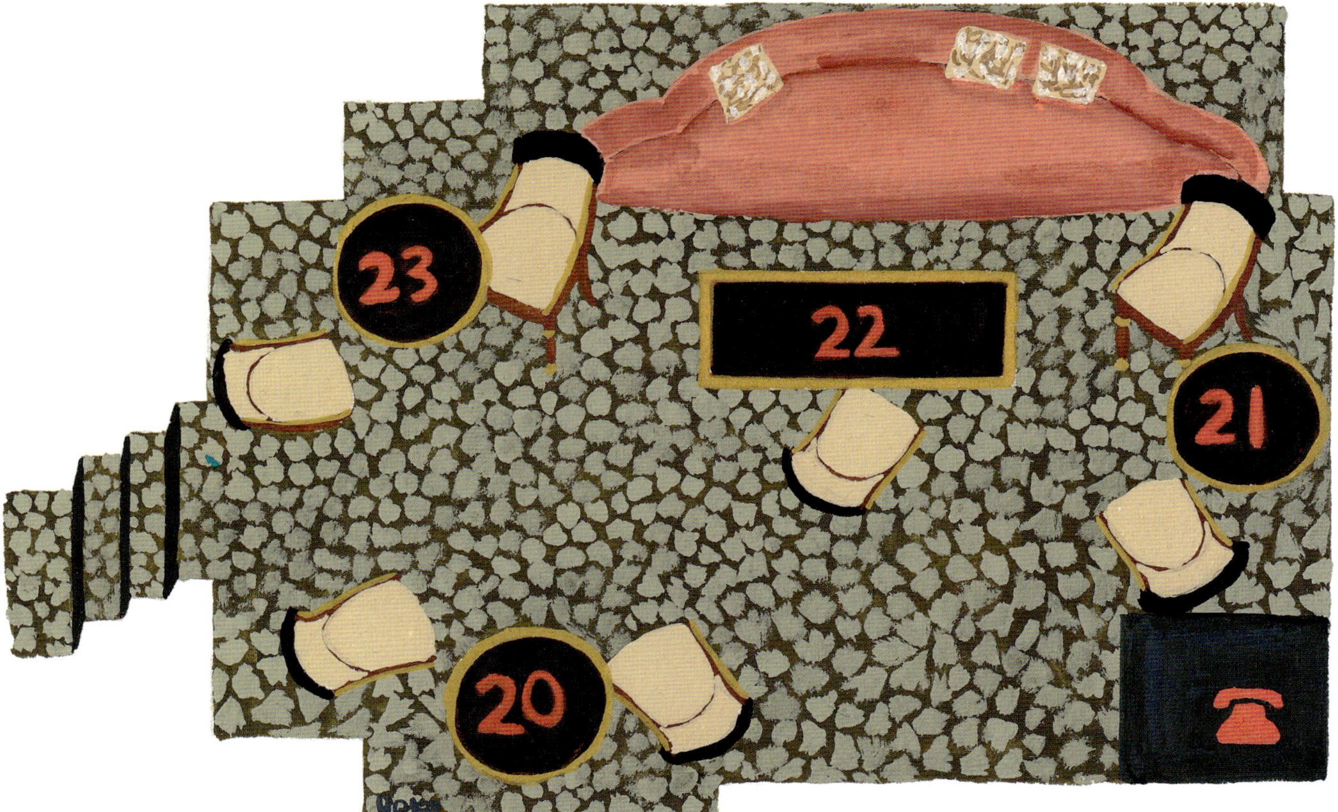
23
22
21
20

CHAPTER I

カクテルの心理学

カクテルづくりにとりかかる前に、自分の心にいくつか問いかけてみよう：

1. 誰がためにこのカクテルはある？

いかなるビジネスにおいても、誰のためにするのかということを考えるのが成功の鍵だ。お客様のことを、よく知らなければならない。ことに、性別と年齢を考えなくてはならない。若い人達は、大人——たとえば30歳以上——に比べると、お酒の経験が少ない。30歳を超えると、お酒の経験もけっこう豊富になる。そのため、どうしてもドライでシンプルなカクテルを欲しがるようになる。その究極がたぶん、“プラチナの銃弾《プラティナム・ブレット》”だろう。−18.4℃に冷やしたドライ・マティーニのグラスに、ジンまたはウォッカをつぎ、ノイリー・プラットへの思いだけを加え、オリーブを1粒添えたもの。1996年に〈バー・ヘミングウェイ〉で生まれたカクテルで、いうまでもなく“銀の銃弾《シルヴァ・ブレット》”がその基本となっている)。若い人達が好きなのは、甘くて、果汁のたっぷり入った、ボラボラ島のプールサイドで飲むようなタイプのお酒である。

若い女性の飲むお酒は、男性よりも軽い。アルコールの味のしないアルコール、いうならば、アルコールの影響の少ないお酒を飲みたがる。もちろん、若い女性といっても千差万別。ただ、確実にいえることがひとつある。レディが泥酔しないよう気を配ることは、名誉に値する行為なのである。

若い男性は、ときとして、強いお酒をほしがる。若さゆえに強い刺激を求め、友達と飲んでいるときは、軽い酒など死んでも飲むもんかという態度をとる。もっとも、若い男性といってもいろいろいる。夜9時のラグビー選手たち。夕方5時のピムズ好きなクリケット選手たち。あるいは、大きなストレスをかかえた株式ディーラーのようなタイプ。健康に満ちあふれた地元の水泳チーム……。こうした若者なら、パンチの効いたお酒が向いているだろう。

2. お祝いはそもそも何のため？

お客様が何を祝って飲むのかを察知するのは、とても大切だ。祝杯をあげる目的をカクテルのなかにうまく表現したら、とても喜ばれる。わたし自身の経験で言うと、ひと昔前の話だが、ランク・ゼロックス社の人から挑戦されたことがある――「最新型コピー機をイメージしたカクテルが作れないかね。どんな外見が考えつくかな。どんな味のカクテルになるかなあ。ひとつやってみないか？」。スポーツのあとで戦勝の祝杯をあげようというなら、軽めで、アルコール度の低いものにしたほうがいい。聖パトリックの日の酒なら、アイリッシュ・ウイスキーをベースにすることだ。

ビジネス・カクテルはウォッカをベースにすることが多い。ウォッカ・ベースにすると、息にアルコールの匂いが出る心配がない。だからこそ、アーネスト・ヘミングウェイはブラッディ・メリーを作らせたのだ……と、彼の贔屓のバーテンダーが言っていた。企業関係の集まりなら、カクテルの色か、名前か、材料を、その企業の歴史や社長に関係のあるものにしたらいい。もちろん、その企業の人が惚れこんでくれるような名前をつけること。

3. このカクテルを飲む目的は？

目の前のお客様は、喉が渇いたから何か軽い酒が飲みたいだけなのだろうか、それとも、辛かった1週間を忘れてしまいたいのだろうか。ファッション・モデルは前者を好むことが多い。瞬間的に心を落ちつけるために飲むのなら、ドライで強いパンチの効いたやつをショート・グラスで飲むといいのだが。そんなときは、ウォッカ、レモン果汁、コアントローを使った“カミカゼ”という強烈なカクテルがいいかも。（訳註：カミカゼは実在のカクテルで、ウォッカ・ギムレットにホワイト・キュラソーをプラスしたもの。第二次世界大戦後、アメリカで流行った）誰がこんなものを発明したのか知らないが……。もっとも、ときには、ひたすら酔っぱらいたいだけの人がいるものだ！　やれやれ、野暮な言葉だ！　カクテルの本には書きたくない。

カクテルを飲む目的がなんであろうと、その作り方についてお客様から指示があったときには、バーテンダーは自分なりの判断で、適当に手加減を加えたほうがいい。1人より2人の知恵がブレンドされれば、うまいものができあがるだろう。お酒を飲むという、真剣勝負の場面ではとくにそうだ。

リッツ 75　Ritz 75

（「フレンチ75」を少し変えたもの。そのカクテルは、第一次大戦直前の1914年に考案され、フランスのカノン75ミリ野砲にちなんで名づけられた。1917年にニューヨークの〈ストーク・クラブ〉で評判をとった。）

レモン果汁	1/10
マンダリン・オレンジを搾った新鮮な果汁	1/10
砂糖	小さじ1
ジン	1/10
シャンパン	

レモン果汁、マンダリン・オレンジ果汁、砂糖をタンブラーに入れて混ぜる。氷をどっさり入れる。ジンを注ぎかける。シャンパンをいっぱいになるまで注ぐ。レモンとマンダリン・オレンジのスライスで飾る。チェリーを1個入れる。

＊マンダリン・オレンジはオリジナルのフレンチ75では使われていない。ペルノーを1ダッシュ使ってもいいし、グレナディンを使う方法もある。

バトネ　Bâtonnet

(〈バー・ヘミングウェイ〉、リッツ・パリ、2001年6月26日)

コニャック	1/10
白ワイン	4/10
トニックウォーター	5/10
シナモンスティック	2本

コニャック、白ワイン、トニックの順にタンブラーに注ぐ。シナモンスティックを裂いて、グラスに落とす。氷をグラスいっぱいに入れる。ステアして出す。

(訳註：バトネは小さな棒、またはスティック状の弾薬を意味する。)

4. このカクテルを創案した目的は？

もし、あるお客様が落ちこんでいる様子だったら、新鮮な果汁をたっぷり使ったカクテルをつくらなければならないだろう。ただ、砂糖も必要だし、ちょっとばかりアルコールも要る。それと、元気づけのために泡立ちも欲しいから、シャンパンかジンジャー・エールでいいだろう。そんなときは、フレンチ75がお薦めだ。第一次大戦中、パリで生まれたカクテルである(残念ながら、リッツ・パリのオリジナルではないけれど)。余談だが、憎悪に満ちた戦争が終わると同時に、このカクテルはアメリカで大人気になった。うちのバーで調合した修正版がとても有名になりそうだったので、他のバーテンダーとのトラブルの種にならないようにするため、リッツ75と命名した。

もうひとつ別のカクテルをご紹介しよう。アルゼンチンから来たパオラ（リッツ・エスコフィエ・バー教室の生徒）が考案したもの。気分転換のための爽やかなお酒が欲しいが、アルコールをほんのちょっぴりにして欲しいと願うレディのための、完璧なロング・ドリンクである。このカクテルは、同じようにリッツ・エスコフィエ教室の生徒だったエリザベートなにがしという女性のために、暑い日向きのカクテルを考えてみようという筆記試験があって、そこから誕生したものである。

CHAPTER II

カクテルの準備

カクテルは3つの要素をミックスしたものである。ベースになる酒、香りをつけるもの、そして、ボディ。また、エッセンスも考えなくてはならない。これについては、後に触れる。

ベースになる酒

カクテルの基礎となるアルコールをさしている。カクテルの根と茎にあたる。どのカクテルも、ベースは1種類。1種類だけでなくてはならない。その意味で、ベースにウォッカとコニャックを一緒に使うのは、専門的にいえば誤り。“センスが悪い《フォート・ド・グー》”。マルガリータはテキーラがベース、マンハッタンはカナディアン・ウィスキーがベースになる。

香りをつけるもの

ブレンドされている酒の香りを嗅ぐと、ワインと同じように、その液体の総合的な性格を作りあげているさまざまな香りの成分を嗅ぎ分けることができる。たとえば、イチゴ、サクランボ、バニラ、ヘーゼルナッツやアーモンド、アプリコットやプルーン、あるいは、その多くが組み合わさった香りに気づくことだろう。プロのバーテンダーは、特定の香りを嗅ぎ分けて、その特徴をきわだたせるために、リキュールやビター、エッセンスやワイン・ベースの調合品などで、香りをさらに強調する。逆に、酒に新たな香りを添えようとするバーテンダーもいる。オレンジとジンジャー、イチゴとシャンパンなどが、そのいい例だ。

ボディ

「ボディ」というのは、カクテルの酒躯を構成するもののことである。“濃いもの、薄いもの、クリーミーなもの、泡立っているもの” のなかから、好きなのを選べばいい。卵と生クリームからは濃いカクテルができるが、これをミルクと卵白に替えれば、あっさりした感じになる。アップルジュースやベルモットは透明なカクテルに、あるいは、ルビーのような色をしたカクテルに向いているし、もちろん、ソーダやシャンパン、ビールやシードルを使えば、泡立ちのいい、元気づけにぴったりのカクテルができあがる。

前述した3つの要素の例をいくつか挙げておこう。

ベース	香りをつけるもの	ボディ
ジン	グラン・マルニエ	ベルモット
ウォッカ	コアントロー	リエ（リレ）*[2]
ラム	アマレット	デュボネ
コニャック	カカオ・リキュール	赤ワイン、または白ワイン
テキーラ	カルーア	カンパリ
グラッパ	フレーズ・ド・ボワ	ポート
マール	(ストロベリー・リキュール)	卵
ブランディ	ミント・リキュール	ミルク
ウィスキー	ベネディクティン	生クリーム
アルマニャック	クレーム・ド・カシス	果汁と野菜ジュース
カルヴァドス	マンダリン・アンペリアル	コンソメ
ピスコ	ガリアーノ	生のフルーツ
メスカール	ピーター・ヒーリング	マルサラ
ポワール・ウィリアムズ	アプリコット・リキュール	シェリー
オー・ド・ヴィ・ド・フランボワーズ	ピーチ・リキュール	マンサニーリャ
キルシュ	メロン・リキュール	マラガ
クエッチ	シュガー・シロップ	
ヴィエイユ・プリュヌ*[1]		

(＊訳註：[1]プラム、西洋スモモからつくったフルーツ・ブランディの年代物。[2]リエ Lillet はボルドーの人達が自慢するアペリチフ。リキュールというよりアロマタイズド・ワイン。メルロ種を使った赤と、セミヨン種を使いオレンジやハーブを配合した白とがある。リレとも呼ぶ。)

ダーティ・アール・グレイ・マティーニ

（〈バー・ヴァンドーム〉、リッツ・パリ、1999年、アラン・ヴィヨーメ）

淹れたてのアール・グレイの紅茶　1/10
ジンもしくはウォッカ　9/10

ミキシング・グラスで材料を合わせてから、カクテル・グラスに注ぎ、レモンの皮を飾る。

エッセンスについて一言

エッセンスの例をいくつか挙げてみよう――ラズベリー、イチゴ、黒スグリ、バディヤン*、リコリス（甘草）、桂皮、ジンジャー、桃、アンゴスチュラ・ビターズ、オレンジ・ビターズ、レモン、朝鮮ニンジン、バニラ、ナツメグ、シナモン、トリュフ、生のミント、タラゴン、各種ハーブ、ベルガモット、さまざまな茶葉。このうちいくつかは、ウォッカに浸すか、蒸留水で煮るかすれば、すぐに用意できる。ぜひとも覚えておいてほしいのは、バーテンダーが使うフルーツ・エッセンスのことで、これは用意するのに何カ月もかかり、世界一流のバーでしか使われていない。

インスピレーションを働かせるのが大切という例がある。わたしが1987年にオテル・スクリブのヘッド・バーテンダーをしていたとき、アランという男がアシスタントとして働いていた。彼は現在、〈バー・ヴァンドーム〉を代表するバーテンダーになっている。カクテルの準備という分野において、昔から想像力とひらめきに満ちた男だった。ダーティ・アール・グレイ・マティーニは、そうした才能を持つ彼が生みだしたカクテルのひとつである。

レシピを国際的に広めるにはどうすればいいか

世界中のカクテル愛好家にレシピを理解してもらうためには、液量オンス、ジル（＝1/4パイント）、センチリットルといった単位は使わないほうがいい。度量システムの異なる国からきた人にとって、それぞれの単位はちんぷんかんぷんに決まっている！　話をわかりやすくするには、どのカクテルも10の部分から成り立っていると考えてもらえばいい。ロング・カクテルであろうと、ショート・カクテルであろうと、あるいは、シャンパン・カクテルであろうと、オールド・ファッションのダブルものであろうと、その成分は“10分の何々”という形であらわすことができる。すべての量が10分の何々であらわされているレシピを見たら、つぎはグラスを眺め、それを10の層に分けてみると、それぞれどのあたりになるかが想像できるだろう。あとはレシピの指示に従うだけだ。

(*訳註：バディヤンBadianは、和名は大茴香《だいういきょう》。星型の果実をつけるモクレン科の植物。セリ科のアニスに似ているが、苦みと刺激が強い。果実を干したものが、八角で、スター・アニスまたはバディヤン・アニスとも呼ぶ。)

He has an English accent.
Yoko

CHAPTER III

カクテルの飾り

第一印象を大切に。次のチャンスは二度とない。

カクテルができあがったら、最後の、そして重要な仕上げは、どんな演出をするかである。よく言われているように、カクテルの飾りはシンプルでありながら、そこに使われている材料のひとつを（もしくは、いくつかを）象徴するものでなければならない。たとえば、プランターズ・パンチにはパイナップルの薄切りを添えるというように。これは立派な基本原則だが、バーテンダーという職業が進化するものであるなら、この原則も進化していかなくてはならない。

クラシックなカクテルでさえ、それぞれのお客様に応じて、喜んでもらえるようにつくらなければならない。たとえば、わたしならマルガリータの基本的な3つの材料を替えることはけっしてないが、標準サイズの背広を作る仕立屋が袖ぐりや着丈を調整するのと同じように、お客様に合わせて、甘口・辛口を手加減する。男性か女性かによって、カクテルの飾りを替えることもある。さらに、そうしたことを決める際に、お客様が何をお召しになっているか、時刻が昼か夜かといったことも計算に入れるようにしている。

お客様が紳士の場合は、きわめてシンプルな飾りがふさわしい。オレンジの皮か、レモンやライムの薄切り。レディの場合は少し気配りが必要で、レディが自分にぴったりのドレスを選ぶことに神経を遣うのと同じく、わたしも、その人柄、服装、外見や雰囲気に合った飾りを選ぶことを考える。レディがイブニングドレス姿なら、真っ赤なバラをグラスの横に添えてもいい。わたしはこんな想像をするのが好きだ——バーテンダーがレディの前にグラスをそっと置いた瞬間、ほんの数秒のことかもしれないが、カクテルがその人の装身具の一部になる。レディはこの気遣いを喜んで、連れの男にそのバラをさしだす。一流の仕立屋で背広を誂えている男なら、その襟に、バラを挿して一夜をすごすのにぴったりのボタンホールがついているはずだ。ピンクのバラは強烈な色と合わせるのに向いている。春だったら、黄色い水仙が季節のイメージにふさわしいだろう。できることなら、赤スグリやイチゴのような赤いフルーツを使って、淡い黄色とのバランスをとりたい。カクテルの飾りに高いバラを使うのはもったいない！それなら、グラスのへりに花びらを1枚だけ置けば、すごく印象的だし、節約にもなる。

Les tapas du
Ritz
chaque jour…
C'était bon!
C'était bon!
YOKO

花は食用のものでなくてもかまわない。たとえば、蘭。スコット・フィッツジェラルドは、リッツ・パリの〈ル・プティ・バー〉で若い美女のハートをつかもうとして、蘭の花をいくつか食べてみせたそうだ。バラ、水仙、チューリップなどはグラスの外に置くといい。しかし、パンジーや“ズッキーニの花”だったら、お客様の好みをにらんでグラスに浮かべてもいい。こうした花は食べられるし、ナッツに似たかぐわしい風味を持っているから、カクテルの香りを高めてくれる。

もちろん、自宅で大勢のお客様にカクテルを出すときは、飾りはシンプルなものにした方がいいが、それでも、花びらや季節のフルーツを使って、みんなをあっと驚かせることもできる。

どんな飾りを使うか

世界中のシェフが季節を考慮に入れて地元の食材を使うように、もてなしの名人や、カクテルづくりの名人なら、同じ点に神経を配るだろう。季節に合ったものをいくつか挙げてみよう。

- 5月　ルバーブ。
- 6月　イチゴ。
- 7月　ラズベリー、サクランボ、赤スグリ、メロン。
- 8月　アプリコット、黒スグリ。
- 9月　トマト、桃。
- 10月　ブドウ、梨、イチジク、リンゴ。
- 11月　セイヨウトチノキとか、カボチャを使ってみよう。
- 12月から4月まで　ブドウの葉、八角、シナモンスティック、クルミ、オレンジピール、グレープフルーツ、ライム。

もしプロヴァンスでカクテルを作るとしたら、いろいろなタイプのオリーブを使うだろう。八角も使ってみたい。ノルマンディーなら、リンゴをシンプルにカットするか、優美な白鳥の形にカットしたものを使うだろう。それから、マッシュルーム、赤や黄色や緑やオレンジ色のパプリカ、赤いチコリの葉、セロリ、ズッキーニ、生のトマト、レタス、ついでに、カリフラワーも。風味豊かなカクテルを作るさいに、これらすべてがそれぞれの役割を果たしてくれる。装飾が生みだすすばらしい効果を自分の目でたしかめたければ、近くのチャイニーズ・レストランに出かけて、さまざまな料理に添えられたニンジンやカブの美しい飾り切りを見てみればいい。それとは逆に、櫛形オレンジや半月形のレモンが、カクテルピンに突き刺され、まずそうなサクランボの周囲に垂れて、死んだ魚そっくりの雰囲気を漂わせているのを見ると、演出にもっと神経を遣う必要があると、しみじみ思う。

プールサイドでエキゾチックなカクテルを作るとき、あるいは、単にそういう雰囲気を出してみたいときは、生のマンゴーとメロン、グアヴァとココナツを使ってみよう。どんなカクテルをつくるのか、誰のためにつくるのか、どんな場所でつくるのかによって、そこに使う飾りも自然と決まってくるものだ。

CHAPTER IV

カクテルのグラス

バーや自宅の壁の全部をつぶして棚を作り、あらゆるカクテル向きのグラスをすべてそろえておくことができれば、有難いのだが……。これまでに見てきたバーテンダー本には、リキュール・グラスから始まって、ハイボール・グラス、ダブル・ハイボール・グラス、コリンズ・グラスにいたるまで、ありとあらゆるグラスを並べたすばらしいグラビアがついていた。そのグラビアを見るかぎりでは、自宅でカクテルを楽しむ人も、専門のバーも、各タイプのグラスを最低20から30個ぐらいそろえなくてはならないようだ。しかも、それはバーに並べてある分だけの話で、地下にストックしてあるものは含まれていない。

だが、そこまで手間暇をかけることはない。わずか数種類のグラスで充分に用が足りる。わたし個人のグラス選びなどもかなり乱暴で、バーでも、自宅でも、4種類のグラスしか使わない。

1. タンブラー（別名コリンズ・グラス）

これはふつうより細めのタンブラー。おそらく、百年以上前に〈リマーズ〉の給仕長が発明した“トム・コリンズ”というカクテルにちなんで名づけられたものだろう。コリンズ・グラスはハイボールに最適。つまり、ジン・トニック、ウィスキー・ソーダ、モヒート（キューバ生まれのおしゃれなカクテル）のようなロング・ドリンクに向いている。カンパリ・ソーダ、カンパリ・オレンジ（ガリバルディとも呼ばれる）、ジンフィズ、コブラー、クーラー、ジュレップなども、このグラスを使う。

2. オールド・ファッションド・グラス

このグラスはウィスキー・グラスとも呼ばれている。とても丈夫で、手作りの美しいクリスタルのセットなら、自宅で一生使うことができる。バーテンダーはこのグラスを“ダブル・カクテル”用のグラスとしても使っている。ウィスキーだけでなく、生クリームを使ったアレクサンダーのようなカクテルに向いている。また、ジン・スマッシュやブランディ・クラスタといったクラシック・カクテルにもぴったり。

3. ボルドー・グラス（別名アングレーム）

このグラスはとても用途が広い。赤ワイン、白ワインだけでなく、ポートやシェリー、コニャック、アルマニャック、ウィスキー、カルヴァドス、リキュール、クレームにも使うことができる。グラスを冷やせば、洋梨やラズベリー系のお酒にうってつけ。また、このグラスは果汁を使ったカクテルや、ピニャ・コラーダとかシンガポール・スリングというような異国的な(粋な響きを持つこの言葉には、“プールサイドで飲むカクテル”というニュアンスが感じられる）カクテルにも向いている。

4. シャンパンのクープ・グラス（カクテル・グラス、ソーサー型グラス）

これは使うのが楽しいグラスである。ただ、このクープ・グラスをシャンパンに使うと、浅くしか注げず、泡立ちがよく見えないので、苦情をいうお客様もいる。今では、シャンパンを気軽に飲むときのグラスとみなされている。これに対して、フルート・グラスは泡が表面まで浮かびあがるのに時間がかかるから、飲む側も鋭い目でシャンパンをにらむことができる。

しかし、フルート・グラスというのっぽの親戚に比べると、クープ・グラスのほうが用途が広い。フルート・グラスときたら、シャンパンにしか使えないのだ。クープ・グラスを使うと、せっかちに注いで泡をこぼしてしまう心配がないから、簡単に手早くお酒を出すことができる。また、レトロな雰囲気を持っているので（レトロが好きな人にとっては)、パーティでの“シャンパンの乾杯”だけでなく、カクテルにもうってつけだ。マティーニ系のカクテルも含めたいと、わたしは思っている。ブルー・バード、マルガリータ、マンハッタン、ブランディ・サンガリーなどを試していただきたい。クープ・グラスは心優しき者のグラスなのである。信じられないって？　これを読んでいただきたい。

「ボンドはレイターの“ヘイグ・アンド・ヘイグ”のオン・ザッロックも自分が注文すると言いはってから、バーテンダーの顔を丹念に見つめた。『ドライ・マティーニはひとつ。ひとつだよ。深いシャンペン・グラスにいれたやつだ』」(『カジノ・ロワイヤル』イアン・フレミング、井上一夫訳、創元推理文庫)。

モヒート
Mojito

砂糖	小さじ2
ミントの葉	
レモン果汁	1/10
キューバ・ラム	5/10
ソーダ	

砂糖、ミントの葉、レモン果汁をタンブラーに入れる。20秒ほどかきまぜる。ラムを加え、ソーダで仕上げる。ステアして出す。

ジン・フィズ
Gin Fizz

ジン	4/10
レモン果汁	2/10
砂糖	小さじ2
ソーダ	

材料をシェーカーに入れ、シェークしてタンブラーに注ぐ。ソーダを威勢よく入れていっぱいにする。

トム・コリンズ
Tom Collins

ジン・フィズと全く同じだが、タンブラーに材料を直接入れる。

(訳註：英国生まれか、アメリカ生まれかはっきりしないジン・フィズと全く同じだが、これはまぎれもなく英国生まれ。ロンドンのリマーズ・コーナーのジョン・コリンズが創案したが、オールド・トム・ジンを使うようになってから、この名前をつけた。)

ウィスキー・コブラー
Whisky Cobbler

砂糖	小さじ2
ウィスキー	5/10

タンブラーに砂糖を直接入れる。氷塊でいっぱいにしてから、ウィスキーを注ぐ。20秒ステアして、何か新鮮な果物を飾りつける。ストローを2本つけて出す。

ジン・リッキー
Gin Rickey

ライム半個をしぼった果汁	
ジン	5/10
ソーダ	

ジンとライム果汁を直接タンブラーに入れる。つぶして果汁をしぼった半切りのライムをそのままタンブラーの中に落とす。ソーダをいっぱいになるまで注ぐ。きれいにむいたライムの皮の小切れを加える。

ジン・バック
Gin Buck

ジン	4/10
レモン果汁	1/10
ジンジャーエール	

ジンとレモン果汁を直接タンブラーに注ぐ。氷をたっぷり入れ、ジンジャーエールでいっぱいにする。

mojito
mojito
yoko

ブランディ・クラスタ
Brandy Crusta

レモン	1個
砂糖	小さじ2
ブランディ	5/10
マラスキーノ・リキュール	2/10
オレンジ・キュラソー	2/10
レモン果汁	少々
オレンジ・ビターズ	4滴

オールド・ファッションド・グラスの縁をレモンの薄切りで濡らしてから、グラスを逆さまにして、皿に広げた粉砂糖をつける。レモン半個の皮を螺旋むきにしてグラスに入れ、砕いた氷をたっぷり入る。あとの材料をグラスに注ぐ。

ジン・スマッシュ
Gin Smash

ミントの葉	
砂糖	小さじ2
ジン	8/10

ミントの葉と砂糖をオールド・ファッションド・グラスに入れる。軽くかきまぜる。ジンを注ぐ。砕いた氷を加える。ステアして、オレンジの薄切り、レモンツイスト、チェリーを飾る。

ウィスキー・サワー
Whiskey Sour

ウィスキー	8/10
レモン果汁	2/10
砂糖	小さじ2

材料をシェーカーに入れる。勢いよくシェークして、氷をいっぱい入れたオールド・ファッションド・グラスに注ぐ。

ブランディ・アレキサンダー
Brandy Alexander

ブランディ	4/10
カカオ・リキュール	3/10
生クリーム	3/10

材料をシェーカーに入れる。シェークして、オールド・ファッションド・グラスに注ぐ。

このカクテルの歴史を一言……最初のころは“アレキサンダー”と呼ばれていて、ベースはブランディではなく、ジンだった。

ブランディ・スリング
Brandy Sling

砂糖のシロップ	1/10
ブランディ	8/10

材料をオールド・ファッションド・グラスに直接注ぐ。大量の氷とレモンツイストを加える。

ベネディクティンとビターズを使って作るものもある。

ジン・フィックス
Gin Fix

砂糖	小さじ2
レモン果汁	2/10
ジン	7/10

材料をオールド・ファッションド・グラスに直接注ぐ。砕いた氷を加えてステアする。季節の果物とレモンピールを飾る。

Brandy Alexander
YOKO

Piña Colada
yoko

ピニャ・コラーダ
Piña Colada

ホワイト・ラム	4/10
ココナツ・ミルク	2/10
生クリーム	1/10
パイナップル・ジュース	3/10

材料をシェーカーに直接入れる。9秒間よくシェークする。もしくは、ブレンダーにかける。ボルドー・グラスに注いで、パイナップルの薄切り、リンゴの薄切り、ブランディ漬けのチェリー1粒を飾る。ストローを添えて出す。

（訳註：名前はスペイン語で「パイナップルの生い茂る峠」のこと）

シンガポール・スリング
Singapore Sling

ジン	4/10
チェリー・ブランディ	1/10
レモン果汁	1/10
砂糖	小さじ1

（もしくは砂糖を使わずに、ベネディクティンとビターズを加えるだけでもいい）

ソーダ

シェーカーに、ジン、チェリー・ブランディ、レモン果汁、砂糖を入れる。よくシェークして、ボルドー・グラスに注ぎ、氷とソーダでいっぱいにする。季節の果物で飾り、ストローを添えて出す。

ダイキリ
Daiquiri

まずは、ダイキリの起源について一言。『紳士の友』（チャールズ・H・ベイカー・ジュニア著、1946年）から引用してみよう。“ダイキリを発明した2人というのは、現在ニュージャージー州エングルウッドに住んでいるわたしの友人ハリー・E・スタウトと、その仲間の鉱山技師ジェニングズ・コックス氏であった。時：1898年夏。場所：ダイキリ。これはキューバのサンティアゴ・デ・クーバの近くにある村で、そばにバカルディの工場がある。だからこの名前がつけられた”。どうですか、ダイキリの知識がいささか身についたでしょう？

バカルディ・ラム	5/10
レモン果汁	3/10
サトウキビのシロップ	2/10

材料をシェーカーに入れる。シェークして、ボルドー・グラスに“ストレート・アップ”で、つまり、氷なしで注ぐか、オールド・ファッションド・グラスに氷を入れて注ぐ。

マンハッタン
Manhattan

(ウィンストン・チャーチル卿の御母堂、ジェニー・チャーチルの作)

カナディアン・ウィスキー	7/10
レッド・ベルモット	3/10
アンゴスチュラ・ビターズ	数滴
ブランディ漬けのチェリー	1粒

材料をミキシング・グラスに入れて、それをカクテル・グラスに注ぎ、ブランディ漬けのチェリーを落とす。チェリーを支えるのにスティックを使う場合は、スティックの端がグラスの縁から少なくとも1と4分の1インチ（約3センチ）出るようにすること。

ミリオネア
Millionnaire

(ロンドンのリッツ・ホテル、創られたのは1922年よりも前)

新鮮な卵の白身	
キュラソー	2滴
グレナディン	1/6ジル
ライ・ウィスキー	2/6ジル

砕いた氷をシェーカーの半分まで入れてから、材料を加える。よくシェークして、ストレーナーで漉し、カクテル・グラスに注ぐ。お客様の希望によっては、アブサンをすこし加えてもいい。

※ひとつ、おことわり。分量はつねに1/10を基本とするよう薦めてきたが、このレシピはわたしの創りだしたものではないから、“ジル”という単位を使った。

マルガリータ
Margarita

テキーラ	5/10
トリプル・セック（コアントロー）	2/10
レモン果汁	3/10

材料をシェーカーに入れる。シェークして、縁に塩をつけたカクテル・グラスに注ぐ。飾りはなし。

ブランディ・サンガリー
Brandy Sangaree

ブランディ	8/10
ポート	2/10

砕いた氷をたっぷり入れたカクテル・グラスに、ブランディを直接注ぐ。その上から、バースプーンを使ってポートを注ぐ。お客様に出す。

(訳註：ポートはルビー・ポートを使う。ブランディの上に浮いたルビー・ポートが赤く見えることから、スペイン語で血を意味するサングレから派生してサンガリーという名が生まれた。)

Blue Bird
YOKO

c y S
R
tal
s t
i
c K
yoko

マドラーなど

子供向けのかわいいカクテルなるものがある。どこででも見かけるやつで、棒をのぼる猿とか、あざやかな彩色のオウム、傘、ピンクの象の形をしたアイスキューブなど……。こんなものを、大人向けのカクテルと一緒くたにしないことだ。もちろん、子供向けのカクテルが悪いといっているのではないし、子供が喜んでくれるのなら、わたしもうれしい。ただ、本格的なバーで出すべきものではない。

しかしながら、一部のカクテルには、それを使うとぐんと魅力的になるすばらしいマドラーがないわけではない。話題の種になるし、飲み手を面白がらせ、コレクションの機会を与え(何かをコレクションしたがる人がいるものだ)、酒の銘柄やメーカー名の宣伝にもなる。ジム・ビームのメキシカン・カウボーイ、ジェット27の緑瓶のマドラー、バランタインの太刀状のマドラーのようなもののことだ。きっと、それぞれのカクテルに美しく映えるだろう。ちょうど、裸の人魚のように（これはどのカクテルにも使えるわけではないが——ウソいつわりなく——グラスのなかに裸の人魚が泳いでいるのを見て悪い気がする男はいないだろう！)。

世界の一流バーで現在いちばん流行っているのは、なんと言ってもクリスタルのマドラーだ。最新の流行といっても、実はこの手のマドラーは何年も前から使われていたのだ。たぶん、今になってようやく、一般に認められてきただけのことだろう。むしろ、認められすぎだと言いたい。なにしろ、驚くべき数のマドラーがバーのカウンターから姿を消しているのだから。

飲む者の想像をかきたてるような広報的役割を持つマドラーが、もっとたくさん使われればいいのにと思う。そうだ、木のマドラーなんかどうだろう。世界中のワインやウィスキー、コニャックを始めとする優れたスピリッツを、2年、4年、12年、40年にわたって熟成させるのにオーク材の樽が最適だとすれば、木彫りのマドラーを30分ばかりカクテルに入れてみたら、どんな効果があるだろうか？　そうした工芸品的装いを凝らしたマドラーでカクテルを飾ってみるのも、なかなかおもしろいはずだ。もちろん、それが最終的にカクテルの魅力をひきたててくれるようなデザインだという条件つきだが。

CHAPTER V

カクテル物語

ミッドナイト・ムーン（スザンナ） Midnight Moon (Suzanna)

（オテル・スクリブ*、1982年、すべての権利は著者に）

夜の終わりに飲むためのカクテル

コニャック	1/10
アマレット	1/10
ホワイト・カカオ	1/10
シャンパン	

クープグラス（できれば冷蔵庫で冷やしておく）にすべての材料を、グラスの縁まであと半インチというところまで注ぐ。オレンジの小さな皮をグラスに落とす。三日月形にカットしたリンゴの薄切りをグラスにのせて、飾りにする。

ミッドナイト・ムーンは1982年にオテル・スクリブで生まれたカクテル。当時、わたしはそこのアシスタント・ヘッド・バーテンダーだった。

正確な日時は忘れたが、たぶん5月17日のすぐ後だったはずだ。

わたしと同い年ぐらいの（わたしはその日21歳になったばかりだった）金髪の若い美女がバーに入ってきた。〈ル・バル・サン・ローラン〉という名前のバーに。そのあとから、美女がもう1人やってきた！　いつものように、思わずバーテンダー仲間と顔を見合わせた。これまで何度もやってきたおかげでおまじないのようになっている願いをつぶやいた。「この美女が、わたしを指名してくれますように」

誕生日を迎えたばかりのわたしは、その夜、誰かが笑顔を向けてくれることを期待していた。しぶしぶ仕事に出てきたのだが、考えてみたら、21歳の誕生日を迎えるのに、パリジャンの集まる小粋なバー以上にふさわしい場所があっただろうか。

美女の1人が夢見るような（すごい！）表情でいった。「あたしたち、コリンを捜してるの。コリン・フィールドっていう、ここでバーテンダーをしてる人」（す、すごい！）気絶しそうになるのを必死にこらえて、自己紹介した。スザンナとその友達は、ハンブルクのプラザ・ホテルでわたしの妹と一緒に働いていたのだ。バースデイ・プレゼントを届けにきたのよと言った。わたしは、彼女たちにカクテルを1、2杯おごった（どうか、当時のヘッド・バーテンダーの耳に入りませんように）。そのあと、仕事が終わってから、スザンナと2人で（友達のほうは、大切なデートがあったので消えてくれた）マンサール通りの〈ラ・クローシュ・ドール〉という古いレストランへ遅めの夕食に出かけた。翌日、スザンナはパリを発ち、わたしが彼女と会うことはその後二度となかった。

ミッドナイト・ムーンは、スザンナの髪と同じ金色をしていて、リューベック・マジパンという、ドイツ最高の甘いお菓子に似た味がする。

（＊訳註：オテル・スクリブ Scribe は、オペラ座の横にある大ホテルで、カフェ・ド・ラ・ペとともに有名）

Midnight Moon
yoko

アマレット　Amaretto

リキュールの物語

アマレットについては、チョーサーの『カンタベリー物語』からヒントを得たすばらしい話がある。『カンタベリー物語』のなかの「郷士の物語」がその土台となっている。

美しい乙女ドリガンは、若く凛々しい騎士アルヴェラーグスとの婚礼を目前に控えている。不幸にも、アルヴェラーグスは聖なる戦いに赴くことになるが、「お帰りを待ちます。お戻りになったら式を挙げましょう」というドリガンの誓いを胸に、勇んで出かけていく。その後に、アウレリウス登場。彼は若き騎士で、若く美しい貴婦人を見て……恋に落ちてしまう。

アウレリウスは、騎士の礼儀として必要なだけの長い期間待ちこがれたのちに、ドリガンに近づいて自分の“心の痛み”を告げる。ドリガンは育ちのいい乙女だったので、ことを穏便に収められないかと頭を悩ませる。そこで、遠くへ出かけて騎士にふさわしい手柄を立ててくるよう、アウレリウスに勧めることにした。敵軍と、狼と、竜と、邪悪な巨人2、3人と、魔女2人と、悪者数人を殺すように、と勧めたのだ。そのあいだにアルヴェラーグスが戻ってきてくれることを、ドリガンは心ひそかに願っていた。

だが、思いどおりにはいかないものだ。アウレリウスは戦いに旅立ち、ドリガンへの熱い恋心に突き動かされて、命じられたすべての難行をわずか1年でやってのける。ドリガンはいまや、有望株の騎士を目前に見ることになる。ハンサムで、勇敢で、かなり価値がありそうだ。もっとも、アルヴェラーグスに比べると、その株価はまだそれほど高くない。なにしろ、アルヴェラーグスは国王のもとで戦っているのだから。しかし、考えてみれば、アルヴェラーグスの方は戦いの様子を一言も知らせてこない。何の連絡もない。「無事に生きているの？　ああ！　哀れな乙女はどうすればいいの？」しかし、ドリガンはアウレリウスにこう告げる。「愛こそが、人が生きていく中でもっとも大切な感情です。せっかく雄々しい勇気をふるって手柄をお立てくださいましたが、わたくしにはあなたを愛することはできません」

アウレリウスは、傷ついた心を抱いて立ち去る。それから2年のあいだ、青白い顔をして、生きる意欲も湧かぬまま、痩せ衰えていく。兄が弟の不幸をききつけて訪ねてくる。そこで兄が見たのは、かなわぬ愛にやつれきった弟の姿だった。兄はさんざん思い悩んだ末に、危険きわまりない助言をしようと決心する。魔女に相談しようというのだ！　魔女なら、たぶん、解決策を教えてくれるだろう。しかし、その代価は恐ろしく高くつく。アウレリウスの財産をすべてさしだすことになるにちがいない。だが、アウレリウスは必死だったので、ぶかぶかになってしまった鎧、剣と槍、盾と軍旗を持って、兄とともに魔女のところへ出かけていく。手もとに残っていた黄金と、城の権利証などをあらいざらい持って。

魔女はアウレリウスの悩みに耳を傾け、自分に与えられた任務の重さを量ってみる。それをなしとげるには、この勇気ある騎士のわずかな財産をはるかにうわまわる金が必要だ。そこで、「あんたが持ってる財産がその程度じゃ、魔法を提供することはできないね」と言う。アウレリウスは失意のどん底に突き落とされ、ついに倒れてしまう。弟が自殺するのではないかと恐れた兄は、魔女の要求する莫大な謝礼の不足分を埋めるために、自分の持ち金を残らずさしだす。魔女はそれを受けとって、アウレリウスに力を貸すことにする。「値引きはなしだよ、いいね。あんたが持ってるものも、兄さんの財産も、残らず出してもらうからね」

魔女は霊薬の入った小瓶を彼に渡す。瓶の横に指示が書いてある。アウレリウスはその指示を忠実に実行し、それから、ドリガンに求愛する。貴婦人のほうも、まんざらでもなさそうなので、アウレリウスは魔女に教えられたとおりのセリフを口にする。「ドリガン、あなたに愛してもらえないことはわかっています。あなたの心には他の誰かが住んでいるようだから。友情の証に、この別れのグラスを干して下さい。そしたら、わたしは永遠にあなたの前から姿を消します」

ドリガンはこの若者の恋心から逃れたい一心で、グラスを受けとった。しかし、霊薬を一口飲んだとたん、彼女への愛ゆえに魂まで売り渡してきた賞賛に値するこの男を眺め、自分がとんでもない過ちを犯していたことを悟る……たちまちアウレリウスと恋に落ち、結婚して、いついつまでも幸せに暮らす。

この霊薬のイタリア名を教えましょうか。アマレット。そこで一言――カクテルに使うときも、飲むときも、量はほどほどに！

YOKO

リッツ・ピムス　Ritz Pimm's

(〈バー・ヘミングウェイ〉、リッツ・パリ、1994年8月)

朝の11時から飲むにも、夏の終わりの夕刻に庭でアペリティフとして飲むにもぴったり

好みのアルコール・ベース	1/10
辛口ベルモット	1/10
マルティニ・ロッソ	1/10
カンパリ	1/10
デュボネ	1/10
ジンジャー・エール	1/10
アンゴスチュラ・ビターズ	10滴
シャンパン	4/10
リンゴのスライス	
梨のスライス	
オレンジとレモンのスライス（薄く削いだ皮を添える）	
緑のブドウを5粒か6粒	
黒ブドウを2粒か3粒	

ビール用のクリスタルのパイント・グラスに材料を注ぐ。果物を加え、新鮮なミントの小枝（先端をカットしたもの）を飾る。

このレシピは、わたしがウォリック・ホテルにいた当時、1983年に考えついたものだ。それが完璧の域に達したのは、リッツ・パリでどんな果物でも調達できるようになってからのことだった。そのとき初めて、このカクテルに、リッツ・ピムスという名前をつけることにした。

リッツ・ピムスを作るときは、ベースになるアルコール選びが肝心だということを知ってほしい。ジン、ウィスキー、ウォッカ、コニャックetc。

わたしはイチゴとラズベリーを使い、そこに赤スグリを加えることが多い。カクテルの味がこれで左右されるわけではないが、演出効果は抜群だ。これをレディに出すときは、バラの花びらを2、3枚か、アイリスの花を添える。また、皮つきのままカットした細長いキュウリを使うこともある。

(訳註：もともとは英国で、夏に何かのアルコールをベースにして果物を入れるロングドリンクスのフルーツ・カップが1800年代の前半から流行っていた。これを既製品にしたのが、ジェームス・ピムで、その後「ピムスPimm's」の名前で6つのヴァリエーションが造られるようになった。No.1からNo.3までが有名。会社の所有者が何回か変わり、その中にはロンドンの市長までいる。このカクテルはそのピムスのリッツ風ヴァリエーション。)

Ritz Pimms
yoko

ミス・ボンド　Miss Bonde

(〈バー・ヘミングウェイ〉、リッツ・パリ、1994年12月)

美しいレディのためのエレガントなアペリティフ

〈バー・ヘミングウェイ〉がオープンした当時、若い国際的エリートたちが頻繁に飲みにきてくれた。バーが現在も繁盛している理由のひとつは、そこにある。当時のお客様は、紳士淑女ばかりだった。ほとんどが25歳以下で、最高の教育を受けた上流の人々だった。こうした重要な人々が〈バー・ヘミングウェイ〉の支えとなり、擁護者となってくれた。この人達は最上のお客様だったし、口うるさい批評家でもあった。好みに合わない酒を出そうものなら、歯に衣着せぬ非難が飛んできたものだった。

1920年代に“ベントリー*・ボーイズ”と呼ばれた人々がいたように、わたしはこの紳士たちを“リッツ・ボーイズ”と呼んでいた。みんな、それぞれに好みのカクテルを持っていた。ここではひとつ、みんなの仲良しだった二人姉妹のために創ったカクテルのことを書いておこう。あの人達もきっと喜んでくれるだろう。

ラズベリー・ウォッカ　1/10
シャンパン

フリーザーから出したばかりのクープグラスにラズベリー・ウォッカを注いで、そこにシャンパンを加える。
バラの花を飾る。

ラズベリー・ウォッカの作り方：

ラズベリー　8 3/4オンス
アブソルート・ウォッカ　ボトル1本

ラズベリーをウォッカのボトルにひと粒ずつ入れていく（面倒なら、ボトルの3/10のところまでいっきに放りこんでもいい）。
3週間寝かせてから、縁に塩をつけたカクテルグラスに、−18.4℃のウォッカを注ぐ。

(訳註：ラズベリーRaspberryは、フランス語ではフランボワーズFramboise。)

(＊訳註：ベントリーはロンドンの代表的レストランで、ピカデリー・サーカスの近くのスワロー・ストリートにあり、魚貝類料理が売り物で有名になった。)

ハイランド・クリーム　Highland Cream

(〈ル・バル・サン・ローラン〉、オテル・スクリブ、1982年11月。このカクテルに関するすべての権利はリッツ・パリのもの)

夜の終わりに飲むためのクリーミーなナイトキャップ

グランツ Grant's
(ブレンデッド・スコッチ・ウィスキー)
1/10
コーヒー・リキュール　2/10
クレーム・ド・カカオ・ブリュン(ダーク)
2/10
エスプレッソのブラック　1/10
生クリーム　4/10

シェーカーの2/3まで氷を入れて、そこにすべての材料を注ぐ。オールド・ファッションド・グラスか、カクテル・グラスに注いで出す。チョコレート・パウダー少々を飾りにする。

1980年代の初めに、クリーム・リキュールの既製品が流行したことがある。多くのバーテンダーが、このクリーミーな既製品の飲みものを冷蔵庫にしまわずに、ボトルのまま棚にのせておいたようだ。お客様にボトルを見せなくてはならないというジレンマがあったからだ。お客様の目に触れなければ、注文してもらえない！　困ったことに(ここだけの話だが)こうしたクリーム・リキュールは、蓋をあけたあとも、室温の棚に1週間かそれ以上置かれたままだった！　といっても、公衆衛生基準の点からだけ言えば、こうした既製品もとりわけ非難すべき点はないのだろう。わたしはそう信じたいが、事実は事実としてお伝えしておく！　だったら、自分でこういうカクテルを作ってみようと決心した。

この問題は、また、酒場で働く人々にひとつの疑問を投げかけることになった――自分は酒を注ぐだけの人間なのか、それとも、プロのバーテンダーなのか。あなたがレストランへ行って野菜スープを注文した場合、シェフに期待するのは、缶詰をあけて中身を温めることだろうか。それとも、ジャガイモの皮をむき、ニンジンを賽の目に切ってから、フォン・ド・ボーでだしをとった湯を沸騰させた鍋にそっと入れることだろうか。あとのほうがいい？　あえて言うまでもない……。

ハイランド・クリームは、完成までに半年かかった。1982年のことだった。年月がたつにつれて、わたしの代表作といわれるカクテルのひとつになっていった。お客様に出すときはかならず、作って数秒以内に出すことにしている。わたしがヘッド・バーテンダーをしていたオテル・スクリブのバーは、いまはもう存在しない。わたしがやめた数年後に、もうすこし小さなオープン・サロンに変わってしまった。

YOKO

ドライ・マティーニ　The Dry Martini —— わたしの説

世界でもっとも有名なこのカクテルには、どのバーテンダーも自説を持っている。わたしはここに述べる説が真実だと思っている。

マティーニについて論じる場合、忘れてはならない重大な要素が2つある。ジンの人気が高まるいっぽうだったことと、1860年代あたりから上流階級の人々がジンを飲みはじめたことである（そのころから、大英帝国のすべての地域で、人々はジンをがぶ飲みするのをやめて、品良く飲むようになった）。そして、もうひとつそこに加わったのが、ちょうど同じ時期のアメリカで、ジュレップ、カップ、カクテルといったミックス・ドリンクが流行しはじめたという事実である。要するに、ジェリー・トマスなる男が創りだした甘い“マルティネス・カクテル”とか、きわめてイギリス的で比較的辛口のプリマス“ジン・カクテル”（当時のプリマス・ジンは、いまのジンに比べるとかなり甘口）の時代が、“マティーニ・カクテル”に変わっていったのだ。ここではその進化の過程をたどってみたい。

今どこでもお目にかかるジン（ロンドン・ジン）と全く違うもので、その元祖といえるオランダのジン、つまり“ジュニーヴァ”がロッテルダム生まれであることは周知の事実だが、とにかく、ドライ・マティーニと、ジンの歴史と、大英帝国軍の歴史を切り離して考えることはできない。ドライ・マティーニの誕生を促した重要な要素は、イギリス社会と経済の発展にあったのだ。もっとも、ドライ・マティーニが本当に有名になったのは、ヴォルステッド法（禁酒法）の時代に速成の粗悪なジンの味をごまかすために、アメリカで（それもハリウッドを中心として）もてはやされるようになったためだった。ついでにもうひとつ、イギリスそのものともいうべき、ジェイムズ・ボンド君による偉大な貢献がある。また、サマセット・モームや、愛すべきビートン夫人（『ビートン夫人の家政術』ロンドン、1906年）のような文筆家による文学面での貢献も忘れてはならない。

16世紀から17世紀にかけて、無数の宗教戦争や内乱の中で戦いつづけた英国の兵士が飲んでいたのは、おそらく、ルーカス・ボルスというようなジンだったと思われる。抗生物質がまだない時代、どんな小さな傷でも致命傷になりかねなかったから、オランダ産《ダッチ・カレッジ》のジンは、たぶんひっぱりだこだっただろう。人々がグラスを掲げて、「あなたの健康を祈って！」と乾杯し、しかも本心からそう言っていた時代であった。英国の兵士は、エールやブランディも飲むことができなかったため、もっぱらジンに頼るようになった。ジンが（あるいは、すくなくとも、ジンの基本的な蒸留法が）イギリスにもたらされたのも、このころだった。

1688年、プロテスタントであるネーデルラントのオレンジ公ウィリアムと、その妃メアリが、イギリス議会の要請によって英国の王位につき、フランスへ亡命したカトリックのジェイムズ二世にとって替わることになった。こうした激動の時代と、それにつづく時代は、社会が不況に陥るものだ。世の常として、アルコールが労働者の憂さを晴らしてくれた。やがて、フランス産ブランディの税金がひきあげられ、それと反比例して、ジンの蒸留が盛んになっていった。そのおかげで、イギリスの地主階級は穀物取引で大きな利益をあげるようになった。

1733年あたりになると、ジンはもう大人気！　賃金の一部がこの“高貴な”アルコール（蒸留法はかならずしも高貴ではなかったが）で支払われることもあった。1734年には、酒浸りの民衆の姿に裕福な階級が警戒心を抱きはじめ、暴動を恐れるようになった。1738年、数多く制定されたジン関連法案のなかの第1号が議会を通過し、ジンに重税がかけられることになった。不運な首相ウォルポールにとっては、不本意だったかもしれないが、それがかえって、ジン造りの競争をあおり立てる結果になってしまった。

こうした法律は、1743年と1751年にすべて廃止・改正された。しかし、民衆のジン浸りは依然として社会問題だったし、イギリス国内のジンの消費量は年間約千百万ガロンにものぼっていた。疾患、疫病、暴動、殺人、窃盗が頻発した。フィールディングの小説や、ホガースの銅板画《ジン横丁》からもわかるように、そうした諸悪の元凶となったのがジンだった。飲みすぎや不衛生な蒸留法によって、男が不能になることすらあったので、ジンはやがて“おふくろの破滅”とまで呼ばれるようになった。

1800年代に入ると、薄暗いジン・ホールは、やや品のいいジン・パレスに道を譲った。産業革命が進んでいた。仕事とよりよい暮らしを求めて、何千人もの人々が田舎からロンドンに流れこんできた。海外に目を転じれば、ジン飲みの英国軍が帝国を守るために世界中に広がっていたし、世界中に散ったイギリス人のお酒もジンだった。

YOKO

労働者の毒物といわれたジンだが（しばしば、失業者の毒物でもあった）、そのジンがもたらした革命には、矛盾点があった。一面では新世界の社交行事で大きな役割を果たしながら、他面、非難中傷の的にされてきたという点である。ラドヤード・キプリングは、こうした矛盾を生みだした文化的な境界線を、つぎのように要約している。“軍人並みの知恵と品格があればさぞ愉快だろうと思われる民間人と、民間人並みの教養があればさぞ魅力的だろうと思われる軍人”（『オーティス・イーリの教育』1889年）。

われわれが現在知っているようなドライ・マティーニは、1920年代とそれ以降のドライ・マティーニの時代よりはるか以前から飲まれていた。マティーニ誕生の真の母胎となったのは、英国の植民地主義なのであって、その歴史は冒険と英雄譚に満ち満ちている。インドとアフリカで勇名を馳せた近衛擲弾兵連隊のことを、どうしてみんな忘れてしまったのだろう。ジンは労働者の重荷だったが、教養豊かな者の飲みものでもあったのだ。とりわけ、海軍と陸軍の士官にとっては大切な友達だった（下っ端兵士にとってのラムと同じように）。

英国軍人の勇気のおかげで、大英帝国は拡大と繁栄の一途をたどっていた。インド、エジプト、スーダン、ビルマ、パキスタン、ローデシア、西アフリカ、南アフリカというような世界のあちこちで、近衛歩兵連隊、槍騎兵連隊、フュージリア連隊、近衛竜騎兵連隊、王立ライフル部隊、アーガイル・アンド・サザランド連隊、ヨーク・アンド・ランカスター連隊がそれぞれ戦っていた。

「ロルケの浅瀬では、雄々しく勇猛ななズールー族を相手に、第24連隊が“マルティーニ・ヘンリー銃”を構えて、果敢な戦いをくりひろげていた。わたし自身がウォリックシャーの生まれなので、一言つけくわえておきたいが、一般に信じられているのとちがって、あの小戦闘には、イギリス人、スコットランド人、アイルランド人のほかに、ウェールズ人、1人か2人のスイス人、そして、すくなくとも1人のスカンジナビア人が参加していた！」（イアン・ナイト著『ロルケの浅瀬の攻防戦』1999年）。

兵士たちが単発銃の“マルティーニ・ライフル”のそばに置いて飲んでいたお酒は、もっぱらジンだった。ラムも少しくらいは飲んでいたかもしれない。

「『ラクダの革袋の下に手をやって、どんな感触かいってみたまえ』。わたしの手に触れた

のはマルティーニ銃の銃床だった。次のも。その次のも。『全部で20挺ある』ドラヴォットは静かな口調でいった。『銃が20挺に、弾薬も20挺分』……『これを持ったまま捕虜になったら、目もあてられない！』わたしはいった。『パタン人のあいだでは、マルティーニ銃は同じ重さの純銀に等しい値打ちがあるんだぞ』」（『王になろうとした男』ラドヤード・キプリング、1889年）

“マルティーニ・ヘンリー”と呼ばれた銃を発明した人物は、単にマルティーニという名で知られているが、正確にいうと、スイスのフラウェンフェルト出身のフリードリッヒ・フォン・マルティーニだった。彼はマルティーニ式元込機構を工夫した人物で、これがアレグザンダー・ヘンリー式施条溝と組み合わさった結果、1869年から1920年までの長きにわたって、世界中の軍隊にもっとも重要な貢献をすることとなった。第二次大戦の花形だったスピットファイア戦闘機が短命に終わったのと比べてみれば、マルティーニの40口径と、それに続く303口径ライフルは英国兵士のまさに心臓部に深く長く根づき続けてきたのだ。戦争をきっかけにして、数多くのカクテルが誕生したのも事実なのだ。2つだけ、その例を挙げておこう。ウィズ・バングとデプス・ボムというカクテルがあるが、これは“高初速砲弾《ウィズ・バング》”と、“爆雷《デプス・ボム》”からその名前をとったのだ。

「一斉射撃が5回くりかえされて、もうもうたる煙が立ちこめるなかで、銃弾は射手達から20ないし30ヤードの地点に落ちて、地面に穴をうがった。なにしろ、銃剣の重みと、マルティーニ銃の反動を抑えこもうとしてへとへとになった右腕のせいで、銃が下を向いてしまうからだ。」（『The Drums of the Fore and Aft』ラドヤード・キプリング、1889年）。

1870年には、英国の兵士達はグラスに注いだジンを飲んでいた。また、時を同じくして、ノイリー・プラットにジンを加えて強くしたものも飲まれていた。たぶん、荒っぽく蒸留されたジンのひどい味が、ベルモットで和らいだからだろう。とにかく、誰もがあれやこれやと実験的な試みを続けていた。ジンの中に、ビターズやオレンジ・ビターズ、または、アンゴスチュラ・ビターズなどを混ぜて、それを“ジン・カクテル”と呼んだ。もっと後の時代になると、この手のものは“ピンク・ジン”と呼ばれるようになった。

『サ・サヴォイ・カクテルブック』でも、そのオリジナルの1930年版をひらけば、マルティネス・カクテル一族の系図をたどることができる。この版では、“三親等”のマルティネスがあって、これには、アブサン、オリーブ、ジン、フレンチ・ベルモットが使われている。また、“四親等”のカクテルもあり（これもマルティネスの仲間とされている）、こちらは現代のものと同じように、ジン、フレンチ・ベルモット、チンザノが使われていた。飾りとしてチェリーが使われる。ジェリー・トマス著『バーテンダーズ・ガイド』の1887年版を見ると、マンハッタンにも、マルティネスにも、マラスキーノが使われていて、両方ともシェークしてから“小さなバー・グラス”に注ぐと書かれている。ジェリー・トマスは、マルティネスのあとに“大きなカクテル・グラス”で何か飲むようにと勧めている。この点をのぞけば、いまの世で愛されているマティーニとマンハッタンの原型がここにあるといえよう。

1895年には、ジョージ・カッペラー著『アメリカの最新流行の酒』によって、マティーニの作り方が確立し、“お客様が希望すれば”マラスキーノは、マラスキーノ・チェリーが使われることになった。

わたしは、ドライ・マティーニの誕生について語る際に忘れてならない2つの要素を論じてきた。しかしながら、マルティネスの名前の起源はわが社にあるとするマルティーニ・ロッシ社の主張にも、考慮の余地がある。カッペラーの著書には、マティーニとマンハッタンの両方に“イタリアン・ベルモット”を使うと書かれているし、マティーニ・カクテルには“マルティーニ社の”ベルモットを使わなくてはならないという1920年代の例がいくつか引用されている。

デプス・ボム　Depth Bomb

ディナーの前に飲むカクテル

第一次大戦中の高速駆潜艇にヒントを得て、このカクテルが誕生した（『ザ・サヴォイ・カクテルブック』1930年）。

ブランデイ	1ジル
アップル・ブランディ	1ジル
グレナディン	小さじ1
絞りたてのレモン果汁	小さじ2

砕いた氷をシェーカーの半分まで入れて、すべての材料を加える。カクテルグラスに注いで出す。

ウィズ・バング　Whiz-Bang

（トミー・バートンの考案したレシピ。〈スポーツ・クラブ〉、ロンドン、1920年）

アペリティフ用のカクテル

このカクテルの名前は、第一次大戦中、英国兵がドイツ軍の高初速砲弾につけたあだ名からとったものである。ヒュッと発射音がしたと思ったら、ほぼ同時に爆発音がきこえるのだから。

オレンジ・ビター	2ダッシュ
グレナディン	2ダッシュ
アブサン	2ダッシュ
フレンチ・ベルモット	1/6ジル
スコッチ・ウィスキー	2/6ジル

砕いた氷をミキシング・グラスにぎっしり入れて、すべての材料を加える。
しっかりステアしてから、カクテル・グラスに注ぐ。
上からレモンピールを絞る。

※ひとつ、おことわり。分量はつねに1/10を基本とするよう薦めてきたが、この2つのレシピはわたしの創りだしたものではないから、“ジル”という単位を使った。

世界初、ノンアルコールのドライ・マティーニ！

交通事故が増加の一途をたどり、飲酒運転を取り締まる法律がますますきびしくなっている。そうした今日、バーテンダーの活動範囲はすごく狭くなってきた……とお思いの方もおられるだろう。いやいや、とんでもない。われわれバーテンダーは、お客様に重い責任を負っている。お客様を泥酔させなくともパーティを盛りあげることのできる、新しいお酒を見つけなければならない。その努力に、すこしは（いや、できる限りの）時間を割くべきだ。〈バー・ヘミングウェイ〉では、その目的を達成するために、2年以上にわたって、新しいドライ・マティーニを創りだそうと努力している。ノンアルコールのドライ・マティーニなんてあるの？　いったいどんなもの？　たしかに、その質問はごもっともです。

目下、われわれが苦心惨憺なんとか創りあげようとしているマティーニは、次のようなもの。ジュニパー・ベリーのかぐわしいブーケを持ち、アルコール分をいっさい含んでおらず、口のなかに実に軽く広がって喉を温かく潤しながら、温度を変えつつ、あなたの魂のなかへしみこんでいく。本物のドライ・マティーニで体験できるのと同じものが、すべてその中にそろっている。ひとつだけ違うのは、アルコールがあなたの血管に流れこまない点である。それでも、やっぱり本物のドライ・マティーニでなくちゃあ、と言われるかもしれない。しかし、パーティの席にゆっくり残るために、本物のマティーニのあとで、こうしたニューエイジのマティーニを2杯か3杯飲むのも、悪くないんじゃないでしょうか。

yoko

ジョルジュ・カクテル

(コニャック地方で誕生、1997年、〈バー・ヘミングウェイ〉のカクテル)

夕刻のアペリティフ

レミ・マルタン・VSOP	4/10
ストーンズ・ジンジャー・ワイン (アルコール度数12°以上のきわめて重要な材料)	1/10
トニック・ウォーター	5/10

氷をたっぷり入れたタンブラーに材料を直接注ぐ。レモンとオレンジをごく薄く切って飾りにする。

このカクテルを、ジョルジュという名の2人の紳士に捧げたい。1人は、レミ・マルタンの醸造長で、〈ルイXIII〉銘柄のブレンドを担当しているジョルジュ・クロ。もう1人は、かつてリッツ・パリの偉大なバーテンダーだったジョルジュ・シュエ。

ジョルジュ・クロは高潔そのものの男性で、すばらしく洗練された趣味を持ち、一緒に食事をすると、これまた抜群に楽しい相手だ。われわれ2人は、自分たちが情熱を傾けているものについて、何時間ものあいだ語りあってきた。わたしはいささか興奮ぎみに語り、ジョルジュは人の心を静め、しみじみと訴えかける禅宗の僧侶のようなオーラを発散させながら……。彼はレミ・マルタン社のすぐれた外交官である。いつも控えめで、自分からしゃしゃりでることはけっしてない。しかし、こちらが質問もしないうちから、すべての質問に対する答えを用意しているという、コニャックの達人。ジョルジュとわたしは、コニャック・カクテルに関して、ひとつだけ意見の相違がある。ジョルジュが好きなのは、トールグラスに氷を入れて、上からコニャックを注ぎ、そこにトニック・ウォーターを加えたもの。わたしにいわせれば、ぞっとする飲みものだ！　トニックに含まれたキニーネがコニャックを圧倒してしまうからだ。しかし、ジョルジュは、その点に関するかぎり頑固そのものなので、わたしはベーシックなレシピから離れずにすむ程度に、彼のためのカクテルを少しだけ“アレンジ”してみた。

ジョルジュ・シュエは、1926年から1947年までリッツ・パリでバーテンダーとして働き、そのあと、1969年までヘッド・バーテンダーを務めた。現代のすぐれたヘッド・バーテンダーの先駆者的存在で、わたしにとっては、〈バー・ヘミングウェイ〉のヘッド・バーテンダーのお手本である。彼は、単に酒を出すだけではない。お客様の良き友だった。一部のお客様については、ホテルの玄関で出迎え、すぐさま荷物を預かって客室まで運んだものだった。また、お客様の滞在期間が終わったときには、時間の都合がつきさえすれば、リッツ・パリの玄関まで喜んで送っていき、別れの挨拶をしたものだった。わたしも現在、同じことをしている。

ジョルジュは単なるバーテンダーにとどまらず、お客様の個人的な友達にもなった。わたしも現在、バーにお越し下さるお客様方と、とても親しいおつきあいをさせていただいている。ちょくちょくクレイ射撃に出かけたりするし、わが家の庭でシンプルなバーベキューを楽しんでもらったりしている。親しい交際を続けていくには、相手を可能なかぎり尊敬しなければいけない。わたしは、わが家でお客様をもてなすときと同じように、バーのお客様に接しているし、その逆もまた然りである。

ラ・クルヴァッス　La Crevasse

(〈バー・ヘミングウェイ〉、リッツ・パリ、1998年)

芝居かオペラがはねたあとで飲みたい、夜の終わりをしめくくる魅惑のカクテル

　これは、わたしがウラジミール・ヴォルコフの『ラ・クルヴァッス』を読んだときに、彼に捧げるために作ったカクテルである。飾りの演出は、本の表紙にヒントを得たもの。ムッシュ・ヴォルコフはお嬢さんと同じく、このカクテルを熱烈に愛してくれている。わたしは目下、ヴォルコフの最新作『恋人よ、ずっと以前から《イリヤ・ロンタン・モン・ナムール》』にぴったりの新たなカクテルを生みだすべく、奮闘中である。

ラズベリー・ウォッカ　1/10
(作り方はp.65を参照)
ペア・リキュール　1/10
野イチゴのリキュール*　1ダッシュ
シャンパン

ラズベリー・ウォッカと2種のリキュールを、キンキンに冷やしたフルート・グラスに直接注ぐ。
シャンパンを加える。
家庭でカクテルを楽しむときは、無理に飾りを使うこともないが、プロのバーテンダーの場合はとても大切である。

(＊訳註：フランス語版では、Liqueur de Fraise des Bois)

バンドリッテ　Benderitter

（〈バー・ヘミングウェイ〉、リッツ・パリ、1995年）

バンドリッテは、新しいジャンルのカクテル——パーフェクト・カクテル——の先駆けとなったカクテルである。食前に飲んでもいいし、食後に飲んでもいい

ジンジャー・エッセンス　1/10
シャンパン

凍らせたクープグラスにジンジャー・エッセンスを注ぐ。よく冷えたシャンパンを注ぐ。キンカンの小さな薄切りをグラスに落とすのが本筋。もっとも、あなたがオレンジの皮を使ったとしても、わたしの亡霊があなたに取り憑くことはありません。

ジンジャー・エッセンスの作り方：

ウォッカ
生姜

小さなボトルにウォッカを7/10まで入れて、皮をむいた生姜をひとつかみ加える。戸棚に入れて（冷蔵庫はだめ）2カ月ほど放っておく。ときどき揺すってやる。これで、ジンジャー・エッセンスのできあがり。

時刻は午後の5時半。レストランのシェフの1人、ジャン=フランソワ・ジラルダンが多すぎる生姜を持て余している。「コリンよ！」彼が呼んだ。「これで、何か作ってみてくれ！」わたしは気が進まなかった。それでも、ジラルダンがしつこく言うし、その挑戦に心がそそられてきた。そこで、この新しい素材にいちばん向いた利用法を考えてみることにした。それから2時間後のことである。わたしの友人で、フランスの出版社〈ガリマール〉の宣伝部のベテラン社員、ブリジット・バンドリッテが〈バー・ヘミングウェイ〉に入ってきた。彼女は、わたしの最新レシピによるカクテルをモルモットのごとく味わって、「あたしのカクテルだわ！」と宣言した。わたしは、そんなことは認められないと言い返した。ブリジットは数年来の友人だった。彼女が初めてわたしの人生に入ってきたのは、わたしがヘッド・バーテンダーと、レストラン支配人と、バンケット支配人（3つ合わせて“ヘッド・バーマン”と呼ぶこともある）を兼ねていた、ボ=ザール通りのホテルでのことだった。しかし、いくら親しくしていても、カクテルに“ブリジット”とか“バンドリッテ”などというような名前をつけるのは御免だった。ところが、ブリジットはあきらめなかった。親しいジャーナリスト仲間のためにバーを貸し切りにして、全員に宣言した。「好きなお酒を飲みたいなら、ご自由に。でも、バンドリッテ以外のものを頼んだ人は自分で払ってよ！」

このカクテルはこうした個人的な由来を持つものなのだが、現在“ル・バンドリッテ”と呼ばれている。その誕生の経緯を説明したかったのも、この本を書くひとつの動機になっている。なにしろ、このカクテルについては、世間に多くの説が飛びかっているし、どうも、他人の彫った彫刻に自分のサインを入れたがる芸術家が多いようだから。

YOKO

リッツィーニ　Ritzini

(〈バー・ヘミングウェイ〉、リッツ・パリ、1994年)

マティーニ・スタイルの“パーフェクト・カクテル”

ウォッカ　8/10
ジンジャー・エッセンス　2/10
(作り方はp.80を参照)

氷をたっぷり入れたミキシング・グラスに材料を注ぐ。10秒間ステアしてから、カクテル・グラスに注ぐ。

(訳註：リッツィーニという名前はリッツとマティーニを合成したもの)

“生姜をウォッカに浸けこんでみた”おかげで、この簡単なカクテルがなんの苦労もなく誕生した。“パーフェクト・カクテル”のジャンルに入るカクテルである。食事の最初にも飲めるし、最後にも飲めるタイプ。

ロス・デコッス　Ross d'Ecosse

(オテル・スクリブ、1982年、すべての権利を保有)

辛口のアペリティフだが、“パーフェクト・カクテル”のジャンルに入る。夜の終わりにふさわしいお酒

シングル・モルト・ウィスキー　1/10
(たとえば、カーデュCardhu。軽いけれど、はっきりした個性を持っている)
マンダリン・アンペリアル・リキュール　1/10

冷やしたフルート・グラスにウィスキーとマンダリン・リキュールを注ぐ。氷のように冷やしたフレッシュなシャンパンをグラスの縁まで注ぐ。茎を2インチ半つけてカットした綺麗なバラを飾りに使う。

このカクテルの名前は、〈ムーラン・ルージュ〉と〈ＭＧＭ〉で人気を集め、のちに〈リド〉で踊るようになった、すばらしく聡明な美女にちなんでつけたものである。彼女はスコットランドの出身ということを誇りにしていた。ロスという名前だったので、バーテンダーは“スコットランドの薔薇《ローズ》”と“スコットランドのロス”をひっかけて、カクテルをこう名づけた。なにしろ、このレディはスコットランドの美しさのすべてを象徴していたのだから。そのバーテンダーは、彼女のイメージをお酒であらわすために、古典的な演出をしつつも、いささか大胆な、スコットランドの馥郁たる香りを持つブロンドのカクテルを創りあげた。これを創ったバーテンダーは、その後どこのバーへ移っても、彼女のことをいつまでも忘れないようにするために、このカクテルを出し続けていた（というより、そう運命づけられていたのだろう）。

Ritzini
YOKO

Serendipiti!

セレンディピティ　Serendipiti

(〈バー・ヘミングウェイ〉、リッツ・パリ、1994年)

夜のどんな時刻にもふさわしいカクテル。とくに、暑い季節向き

ミントの小枝　1本
カルヴァドス　1/10
アップルジュース　2/10
シャンパン

　これはジャン=ルイ・コンスタンザのために創ったカクテル。ジャン=ルイが初めて〈バー・ヘミングウェイ〉にやってきたのは、1994年の大晦日だった。彼は偉大なスポーツマンであると同時に、羽振りのいい実業家で、熱心な美食家でもある。カクテルの世界で実験をするのが大好きで、自分の名前がついたカクテルをすでに4つか5つ持っている。このカクテルは、ある夜、彼が友人達を待っていたときに、わたしと2人で創りあげたものである。一口飲んだとたん、ジャン=ルイは「セレンディピティ！」と叫んだ。わたしは、その美しい言葉はどういう意味かと尋ねた。“自分がそれを探し求めていることを意識しないまま、ずっと探し求めていたものを、ようやく見つけた瞬間”を意味する言葉だという。たちまち、これがカクテルの名前になった。多くの人がこのカクテルに惚れこんでいて、ジャン=ルイ本人よりも頻繁に飲んでいるのではないだろうか。もう一度言わせていただきたい。真実を伝えてほしい、と！

ミントの小枝を1本用意し、茎の下を切り落として、小枝をタンブラーに入れる。カルヴァドスを加え、ミントをわずかにつぶす感じで、マドラーで2つの材料を混ぜあわせる。
たっぷりの角氷とアップルジュースを加える。グラスの縁ぎりぎりまでシャンパンを注ぐ。一口飲んだら「セレンディピティ」と叫ぼう！

リッツ・シードル　Ritz Cider

(〈バー・ヘミングウェイ〉、リッツ・パリ、1996年)

午後か夕刻に飲みたいカクテル

アップルジュース　5/10
シャンパン　5/10

　じつをいうと、これはセレンディピティが誕生する一歩手前で生まれたカクテルである。「カクテルを飲みたいけど、アルコールの味はいや」というレディのために、わたしはアルコール度のきわめて低いカクテルを作ろうと努力していたのだった。

(訳註：本来のシードルはリンゴから造った醸造酒)

大きな氷を3個入れたボルドー・グラスに材料を注ぐ。飾りとして、とても薄くスライスしたリンゴをグラスに落とすか、もしくは、カクテルの表面に白バラの花びらを浮かべる。

マッハ2（ランベール）　Mach 2（Landsberg）

（〈バー・ヘミングウェイ〉、リッツ・パリ、1995年）

シガー・カクテル

ジンジャー・エッセンス
（作り方はp.80を参照）

シャルトルーズ・グリーン　3/10
スコッチ・ウィスキー　6/10

材料をオールド・ファッションド・グラスに注ぐ。

このカクテルのルーツは、1981年のクリスマスにさかのぼる。当時、わたしはイギリスのトレシャム・カレッジで英文学と英国史を学んでいた。その年のクリスマスに、地元のパブで、“ウィスキー・マック”と呼ばれるすばらしいカクテルを味わった。それはストーンズ・ジンジャー・ワイン4/10とスコッチ・ウィスキー6/10をミックスして、ほんのすこしだけグラスに注ぐという、シンプルなカクテルだった。

1985年、メルキュール・モンマルトル・ホテルで働いていたときに、わたしはウィスキーとシャルトルーズ・グリーンをミックスするようになった。ただ、どうも何かが欠けていることにやっと気づいた。1997年のことだった。ホテルのスタッフの教育訓練担当係で、強い葉巻が大好きなフィリップ・ランベールが、葉巻があと3分の1になったときに飲めるようなカクテルを作ってくれないかと、わたしに頼んできた。スイスからきているわたしの友人なら、「葉巻で一番うまいのは、半分以上やった頃、芯から出てくる強烈な香りだ」と言うだろう。コーヒーとブラック・チョコレートのような、あの土臭い味わいをひきたてるカクテルが必要だ。

人々がすでになんとなく馴染んでいる味を連想させるものと、葉巻から生まれるさまざまな風味を、グラスのなかでうまく再現するのが、こうしたカクテルを成功させる秘訣だろう。

マッハに話をもどそう。ウィスキー・マックの印象が心に強く刻みつけられていたわたしは、“マッハ2”という語呂合わせを思いついた。もちろん、マッハは音速をあらわしている。

yoko

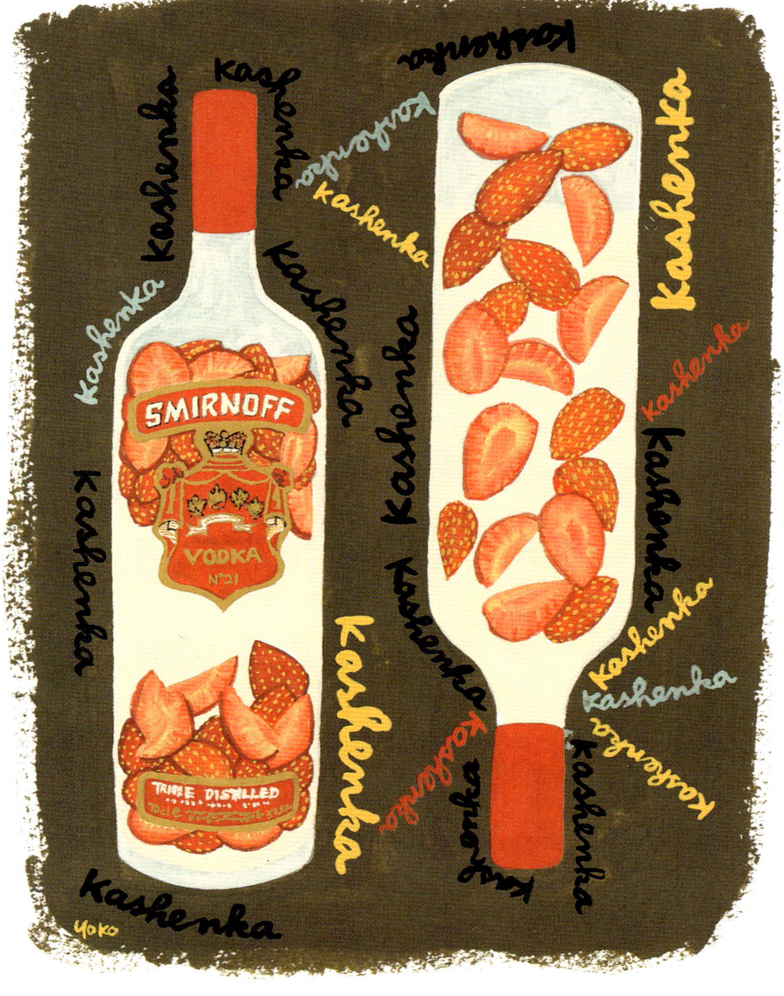

Kashenka
SMIRNOFF
VODKA
No 21
TRIPLE DISTILLED
YOKO

カーシェンカ　Kashenka

(《バー・ヘミングウェイ》、リッツ・パリ、1996年)

夕刻にふさわしいドライ・カクテル

　このカーシェンカという名前は、1991年頃、リッツ・パリからそう遠くないところにあるキャバレーでに働いていた、ポーランド出身の美人の踊り子にちなんだもの。彼女の名前は正式にはカトリーヌだが、愛称で呼ぶとカーシェンカになる。彼女のために生まれたのが、このカクテルである。

イチゴ	4〜5粒
グラニュー糖	小さじ2
ポーランド産ウォッカ	

イチゴのへたをとって、大振りのオールド・ファッションド・グラスに入れる。グラニュー糖を加え、果肉をつぶさずに、果汁だけが軽くにじむ程度に押さえる。大きめに砕いた氷をグラスの縁まで入れる。ポーランド産ウォッカを加えて軽くステアする。
赤いバラの花びらを飾る。

ヴィオレーヌ　Violaine

(《バー・ヘミングウェイ》、リッツ・パリ、1998年)

遅い夜会のための優雅なカクテル

　ノーバート・クナイプ氏は、バーのお客様のなかで、わたしが想像しうる最高に完璧な人物の1人である。引退した文学教授で、彼の人生の目的は、偉大な個性と爽やかな魅力を備えた食べものを見つけだすことにある。名刺には、“パリの〈バー・ヘミングウェイ〉”が彼の公邸として印刷されているのだ。事実、自分の大切なお客様は、すべてバーでもてなしている。ハイネケンでとりあえず喉を潤し、次に、きわめてドライなマンハッタンを飲んでから(『ベルモットは色をつけるための1滴だけだぞ、コリン』)、これまでの体験と豊かな教養を披露して、バーのお客様全員を楽しませてくれる。

　ノーバートがいちばん気に入っている女性は、ステファヌ・ジルダの芝居に出ているすばらしい才能に恵まれた女優である。クナイプ氏に連れられて、このバーに何度もきてくれている。その彼女のために新しいカクテルを作るよう、氏がわたしに頼んできた。

ペア・リキュール	1/10
野イチゴのリキュール*	1/10
シャンパン	

ペア・リキュールと野イチゴのリキュールをクープ・グラスに注ぐ。
シャンパンを加えて、赤いバラを飾る。

(＊訳註：p.79を参照)

リモンチェッロ“ディ・ピアーヴェ” コードネーム：レモン・チャーリー
Limoncello "di Piave", code name: Lemon Charlie

（〈バー・ヘミングウェイ〉、リッツ・パリ、1999年）

アペリティフ向きの、もしくは食後のための、爽やかなカクテル

リモンチェッロ・ディ・ピアーヴェ 5/10
スミノフ・ブラック・ウォッカ 5/10

材料をカクテル・グラスに直接注ぐ。女性客に出すときは、グラスの縁に赤いバラを飾る。

リモンチェッロとは、レモンを浸けこんだグラッパに、あるバーテンダーが思いつきでつけた名前。ヘミングウェイが第一次大戦中にフォッサルタ・ディ・ピアーヴェ*で負傷したことにちなんで、わたしはこれに“ディ・ピアーヴェ”という名前をつけた。すばらしい美貌を誇るイギリスのトップ・モデル（ここでは、単に“ケイト嬢”と呼ばせていただこう）に、このカクテルを出したとき、名前が修正されてレモン・チャーリーになった。ケイト嬢はうちのバーがとてもお気に入りで、パリにくるたびに、友達をおおぜい連れてきて、愉快なパーティが始まる。また、イギリスにある彼女の自宅でカクテルをつくったこともある。彼女がうちのバーのカクテルをとても誉めてくれた。

つややかなレモン3個の皮をグラッパのボトルに浸けこんだものを、まず用意しなくてはならない（果皮は黄色い部分のみを使い、白い部分が入らないようにすること。白い部分を使うと、グラッパに苦みが出る）。最低8週間は果皮を寝かせておいてほしい。そのあとで、レモン果汁を漉したものと砂糖を加える。

できあがったら、フリーザーに入れておく。グラスに注ぐ20分前にとりだす。

（＊訳註：ピアーヴェは北イタリア、ヴェニスの北を流れる河。その流域のフォッサルタで負傷したヘミングウェイが自分を主人公にして書いたのが『武器よさらば』である。）

≪Limoncello di Piave≫
yoko

メロンコリン・ベイビー　Meloncolin Baby

(〈バー・ヘミングウェイ〉、リッツ・パリ、1996年12月)

どんな宵にもぴったりのカクテル

オガン・メロン　1/3個
砂糖　小さじ1
ウォッカ

メロンの果肉をオールド・ファッションド・グラスに入れる。砂糖を加えて、2つの材料を軽く混ぜあわせる。メロンをつぶさないよう気をつけること。砕いた氷をグラスにぎっしり入れる。ウォッカを好みの量だけ注ぐ。ステアして、メロンの小さな皮を1切れ、グラスに落とす。

メロンはカクテルの材料として使うにはとてもむずかしい。アルコールと合わせると、やたらと甘くなってしまう。

あるとても愉快だった夜、ずいぶん遅い時刻の〈バー・ヘミングウェイ〉で、ニューヨークからきた大切な友人ブリジットとジョンが、楽しいひとときをすごしていた。このカクテルを思いついたのが誰だったのか、よく覚えていない。最初は“メロン・ベイビー”と名づけた。それが“メロンコリー・ベイビー”に変わったが、それだと“憂鬱な赤ん坊”の意味にとられそうなので、“メロンコリン・ベイビー”になった。

ル・ルー・フラ・ニ　Le Loup fera nid

(〈バー・ヘミングウェイ〉、リッツ・パリ、1994〜2000年)

夏のカクテル。マティーニの親戚という感じで、心地よい爽やかさが味わえる

スイカをつぶした果汁
またはスイカのジュース　3/10
ジン　7/10

材料をシェーカーに入れる。シェークして、カクテル・グラスで出す。飾りはなし。

うちのお客様の1人に――ニコラスさんとでも呼んでおこう――〈バー・ヘミングウェイ〉を長いあいだ贔屓にしてくれている人がいる。数え切れないほどの友人をうちの店に紹介してくれた人なので、この方のメンバーシップ・カードは（このカードの持ち主になるのは至難の業だ）47人のメンバーの第1号になっている。

この方は長年にわたって、わたしがその友人たちのために創って好評を博したカクテルを、数多く味わってきて下さった。だが、いつも、自分のための特別なカクテルをほしがっておられた。昔から自分だけの特別なカクテルを楽しんで下さっている方だが、愛用のアフターシェーブ・ローションに飽きがくるように、この方も自分のカクテルに飽きてしまう傾向がある。そのため、このカクテルは、名前だけは一度も変わらないまま今日に至っているが、中味はたえず進化を遂げている！　ここに書いたのは現在のレシピである。

Hotel Ritz
Meloncolin Baby
yoko

Tiens!
Il est 2H00.
YOKO

P.A.S.S.

(〈バー・ヘミングウェイ〉、リッツ・パリ、1996年)

アペリティフに、または、食後に軽く飲むのにぴったりのカクテル

ピーター・スミス氏は〈バー・ヘミングウェイ〉の常連になって下さっているお客様で、どこをとっても完璧なイギリス人だ。たまたま、フランスのあるレストランでこのカクテルに巡り会われたのだそうだ。イギリスとフランスのレストラン店主やバーテンダーの手を借りて、いろいろ改良を重ねたのちに、これこそ自分のための特製カクテルだと宣言した。バーに人を連れてこられるたびに、その方々にこのカクテルを熱心に勧められた。だから、リッツのお客様なら、たいてい少なくとも一度は、これを召し上がっているはずだ。アペリティフ用のカクテルというイメージが強いが、スミス氏は金曜の真夜中あたりにこれを飲むのが習慣になっているそうだ。

ウォッカ	4/10
グレープフルーツ果汁	2/10
シャンパン	3/10
カシス	1/10

角氷を入れたオールド・ファッションド・グラスに、ウォッカ、グレープフルーツ果汁、シャンパンを直接注ぐ。
角氷の上からカシスをゆっくり注ぐ。
ブラックベリーを飾る。

時計じかけのオレンジ　Clockwork Orange

(〈バー・ヘミングウェイ〉、リッツ・パリ、2001年)

時間をかけて飲むアペリティフに向いたカクテル

似たようなカクテルをもうひとつ挙げるとしたら、「時計じかけのオレンジ」になるだろう。フランキーという、若いレディのために創ったカクテルである。

このカクテルは「スクリュードライバー2001年版」といった感じで、アメリカからやってきた美女フランキーは、特別製のこの酒をとても喜んでくれている。

オレンジ	1個
砂糖	小さじ2
スミノフ・ブラック・ウォッカ	5/10

オールド・ファッションド・グラスにオレンジの果肉を入れ、砂糖を混ぜてつぶす。砕いた氷をグラスのへりまで入れて、ウォッカを加える。

フィエスタ　Fiesta

(〈バー・ヘミングウェイ〉、リッツ・パリ、1997年)

パーティ用のカクテル

冷蔵庫で冷やしたコアントロー	5/10
グレナディン	1/10
ウォッカ	3/10
カンパリ	1/10

ショット・グラスに（本書の4章でお薦めした4種類のグラスの中に、このグラスは入っていないが）まずコアントローを注いで、つぎにグレナディンを注ぐ。すると、グレナディンが底に沈む。ミキシング・グラスの中でウォッカとカンパリを混ぜ合わせる。これをスプーンで受けながら、コアントローの上から静かに注ぐ。これで赤・白・赤のカクテルの出来上がり。

(訳註：プース・カフェには7色までのレシピがある。虹のように色が分かれるものを、レインボー・プース・カフェという。)

これはフランス風に呼ぶと“プース・カフェ pousse-café”で、グラスに注がれた材料が、いくつかの美しい層に分かれるカクテルである。噂によると、フランク・メイエは、虹のようなプース・カフェをきちんと作れないバーテンダーはぜったいに雇わなかったそうだ。アメリカでは“シューター”と呼ばれることもある。グラスの酒をいっきに飲みほすという意味である。

このフィエスタというカクテルは、『日はまた昇る』の出版70周年を祝うために誕生した。この小説は『フィエスタ』“祝祭＝集団的情熱”という題も持っている（ヘミングウェイの小説のなかで、題名を2つ持っているのはこの作品だけ）。1997年、300人以上の人々を招いて、リッツ・パリで盛大な祝賀パーティが開かれた。リッツ・パリは、日はまた昇るというメッセージを伝えるために、赤・白・赤の彩りで層をなしているフィエスタを創ったのだ。

フィエスタを飲みながら、パンプローナやサン・セバスチャンの街、そして、登場人物のレディ・ブレットのモデルだったダフ・トウィスデンと、ヘミングウェイの妻のハドリー・リチャードソンと、アーネスト・ヘミングウェイに思いを馳せてほしい。もし落ちこんだときがあったら、このカクテルを啜りながら考えてみたらどうだろう。“日はまた昇る”ということを。

ビエール・リッツ　Biére Ritz

(〈バー・ヘミングウェイ〉、リッツ・パリ、1998年4月)

午後と、夜のどんな時刻にも合うカクテル

ビール（軽いタイプのもの）	5/10
シャンパン	5/10

材料をビールのグラスに注ぐ。飾りはなし。

(訳註：ビールはフランス語でビエールになる。)

このカクテルは珍しいことに、名前が先に誕生した。国際的に活躍しておられる弁護士のリチャード・ピアソン氏——わたしも親しくさせてもらっているパリの大変な博識の士だが——により命名された。ビエール・リッツはビアリッツをもじったもの。ビアリッツは、フランス南西部、大西洋岸の美しい町で、当時のエリート階級がこぞって出かけていたところだ。この言葉遊びには抗しがたい魅力があり、この名前のカクテルを創ってみようと決心したのだ。

yoko

ゼルダ Zelda

（〈バー・ヘミングウェイ〉、リッツ・パリ、1994年8月25日）

悪魔のようにクレイジーな、アペリティフ向きのカクテル

テキーラ　6/10
レモン果汁　4/10
ピリピリ（極辛唐辛子をウォッカに浸けこんだもの）　2滴

材料をシェーカーに入れる。
カクテル・グラスで出す。

スコット・フィッツジェラルドの妻ゼルダを連想させるような、いささかクレイジーなこのカクテルは、〈バー・ヘミングウェイ〉のオープニング・パーティでわたしが初めて創ったもの。ヒントを得たのは、テックス=メックス料理*のレストランに出かけたときだった。トルティーヤ・チップスをおいしいトマト・ディップに浸けて食べると、食べれば食べるほど、いくらでも食べたくなってしまう。困ったものだ！　ゼルダというカクテルも、飲めば飲むほど、さらにまた飲みたくなるお酒である。

先日、スーパーで売っている雑誌に、このカクテルのレシピが出ていた。しかも、1930年代に誕生したカクテルと書かれていた！　ここでもその誤りを指摘しておく。ちなみに、わたしはまだ39歳なのだ！

（＊訳註：テキサス州とメキシコの国境付近の料理）

アップル・パイラー　Apple Pilar

（〈バー・ヘミングウェイ〉、リッツ・パリ、1994年）

ビジネスの集まりにも使える、しゃれたアペリティフ。また、敢えて言わせてもらうと、子供たちの午後のおやつにも良さそうだ

新鮮なミントの小枝　1本
砂糖　小さじ1
アップル・ジュース　4/10
ジンジャー・エール

材料をタンブラーに直接注ぐ。
マドラーで軽く混ぜて、氷を加える。
最後にジンジャー・エールを注ぐ。

アルコール抜きのカクテルのひとつ。アーネスト・ヘミングウェイが好きだった釣り船にちなんで、この名をつけた（その釣り船は、キューバへ行けば、今も見ることができる）。フルーツジュースをあれこれ混ぜたりしないで、爽やかで透明な飲みものを創りたかったのだ。このカクテルは、アメリカのトップクラスの高官たちにとても喜ばれている。

Z
E
L
D
A
yoko

Cognac aux Truffes
yoko

ル・コニャック・オ・トリュフ Le Cognac aux Truffes

(〈バー・ヘミングウェイ〉、リッツ・パリ、2000年2月、クリストフ・レジェ)

すばらしく“贅沢な美食”を堪能した後で飲むのに向いた、シガー・カクテル

トリュフのみじん切り	1.5オンス
ヘネシーXO	1本

コニャックの瓶にトリュフを浸けこんで、1カ月置いておく。
ボルドー・グラスで出す。

　クリストフ・レジェは、うちで働くバーテンダーのなかのNo.3で、ありとあらゆるタイプの“浸けこみ《マセラシオン》”を試してみている。そのチャレンジ精神は立派なのだが、残念ながら、大多数はうまく行っていない。それでも、めげることなく、クリストフはフランスのドルドーニュ地方でとれるトリュフをアルマニャックに浸けこむ作業にとりかかってみた。コニャックのなかにトリュフの香りがゆっくりと広がっていくことを発見した。このとてもユニークな組み合わせは、パリの人々を魅了し、葉巻にうってつけのこのすばらしい調合品が無数の記事にとりあげられることとなった。これはまた、カクテルの世界に季節感をもたらしてくれる。なにしろ、トリュフは1年のうちの限られた時期しか食べられないのだから。うちのバーはとても小さいので、魔法のごときこのお酒を何本も用意することはできない。わたしにいわせれば、これはフランス料理の世界に対する、ポートワイン・カクテル以来のもっとも偉大な貢献のひとつであり、この調合品をわたしはとても大切にしている。また、興味深いことだが、トリュフの種類が違うと、その味もかすかに違っていて、コニャックに移った香りにはっきりした違いが出てくる。そのおかげで、違うボトルのコニャック・オ・トリュフを試してみるのが、さらに楽しくなる。この調合品はリッツ・パリの専売特許だし、ホテルで働くバーテンダーの質の高さを如実にあらわしている。また、カクテルの世界がつねに進化を遂げているしるしでもある。

　数種類のコニャックで試してみた結果、この調合品を作るときは、ヘネシーXOが極上であることがわかった。

　葉巻を愛する人々と、大切な友達に飲ませてみよう。

リュトゥール3世のホーセズ・ネック　Lutteur III Horses Neck

(《バー・ヘミングウェイ》、リッツ・パリ、1998年)

夕刻に飲みたいロング・ドリンク・カクテル

オレンジ　1個
アンゴスチュラ・ビターズ　2滴
ヘネシーＶＳＯＰ　4/10
シュウェップスのジンジャーエール　6/10

オレンジの皮をむいて、それをタンブラーに入れ、氷を入れて支えにする。あとの材料をタンブラーに注いで出す。

リュトゥール3世。1904年生まれ。父サン・ダミアン、母ローザンヌ。バチェラー氏とエスコット氏に調教された競走馬。リュトゥール3世はヘネシー・コニャック社のジェイムズ・ヘネシー氏の持ち馬である。1909年3月26日に、世界最大の障害レースといわれるグランド・ナショナルで優勝している。騎手は、ジョルジュ・パルフルマン。パルフルマン氏のおかげで、グランド・ナショナルの初の勝利が、フランスにもたらされた。彼がこの競馬場を初めて訪れたのは、レース前日のことだった。

ジョルジュ・パルフルマンは何年も後に、ヘミングウェイにこう語っている――障害レースで本当に危険なのは飛越障害ではなくて、むしろ、競走馬のペースのほうだね（ジョルジュ・パルフルマンは、アンガン競馬場の比較的楽な障害レースに出走したとき、最後の飛越で危うく命を落とすところだった。障害の高さはたったの3フィートだったのに)。

わたしの友人に、コニャック・ベースのカクテルが大好きな男がいて、わたしがこのカクテルを考えだしたときには、それこそ大喜びだった。これはもちろん、よく知られている“ホーセズ・ネック”をわたし流にアレンジしたもの。レモンの代わりに、オレンジの皮をまるまる1個使ったらどうかと、フランシスが提案してくれた。このカクテルは現在、ジル・ヘネシーのお気に入りのお酒になっている。

yoko

yoko

ウッド・カクテル　The Wood Cocktail

（〈バー・ヘミングウェイ〉、リッツ・パリ、1997年）

シガー・カクテル

ヘミングウェイは射撃に凝っていて、しばしば、キューバのカザドーレス・クラブでクレー射撃の練習をしたものだった。わたしも〈バー・ヘミングウェイ〉で働くうちに、このウィルスに感染してしまった。クレー射撃とスキート射撃にのめりこんでいて、ときには、北アイルランドでヤマシギ猟やタシギ猟をすることもある。集めた猟銃もかなりの数で、なかには、みごとなダマスカス銃がある。1923年ごろに製造されたハンマー・アクションの銃で、たいてい、これを使う。

このカクテルは、夜の終わりにぴったりのウィスキー・カクテル。わたしのお気に入りのひとつ。アイディアがひらめいたのは、フィリップ・フォール・ブラック（1992年度のソムリエ・コンクール世界1）と一緒に、ウィスキー・テイスティングをしたあとだった。ゴーミヨーのブラインド・テイスティングに、2人は同じチームで参加した。味見をしたウィスキーは、オレンジとチョコレートの風味が強烈だった。2人ともすぐさま、アベラワーの17年ものだといいあてた。

アイルランドに滞在中、このカクテルに使うウィスキーは、ブッシュミルズに決めていた。気温のうんと低い北アイルランドだと、このカクテルはすばらしい魅力を発揮して、陶然たる酔い心地にしてくれる。そうそう、ベーコンエッグの前に、ポリッジを食べるときの、おいしい食べ方がある——ブッシュミルズ1液量オンスと、低温殺菌の生クリームと、サトウキビからとった砂糖を、熱いポリッジにかける。一度これをやってみたら、ふつうのやり方でポリッジを食べる気にはならなくなるだろう。ほかのウィスキーを使うとしたら、フェイマス・グラウス*がいい。わたしの好きなブレンデッド・ウィスキーだが、猟に出かけて飲むには、雷鳥《グラウス》という名前がうってつけだ。

ブレンデッド・ウィスキーのフェイマス・グラウス、または、アイリッシュ・ウィスキーのブッシュミルズ・ブラック*、または、アベラワー 15年熟成	8/10
ホワイト・カカオ	1/10
キュラソー	1/10

材料をミキシング・グラスに入れる。かきまぜてから、カクテル・グラスに注ぐ。

（＊訳註：ブッシュミルズ・ブラックは、シングルモルトの比率が高い。）

（＊訳註：日本ではあまり知られていないが、英国では人気のあるウィスキー。ラベルに雷鳥がデザインされている。）

ラズベリー・ベレー　(ラスベリー・マティーニ)

Raspberry Beret or Raspberry Martini

(〈バー・ヘミングウェイ〉、リッツ・パリ、1998年)

夜の初めに、もしくは、疲れを癒してくれる食後酒にぴったりのマティーニ
(その意味では、“パーフェクト・カクテル”のひとつ)

ラズベリー・ウォッカ　10/10
(作り方はp.65を参照)

−18.4 ℃のラズベリー・ウォッカを
カクテル・グラスに注いで出す

これは、とても人気のあるマティーニ。蛍光色に近いピンクという、目をみはるほど鮮やかな色をしている。うちのバーでは、このために用意したラズベリー・ウォッカを、毎晩数本分も使っている。そのために、シェリーのソレラ方式*[1]をとりいれて、40クォート以上のストックをつねに熟成させている。古くなったウォッカが、まだ若いウォッカの熟成を助けてくれる(ラズベリー・ベレーという名前は、このカクテルをお客様に出すさいに、プリンス*[2]の歌を口ずさんでいた、うちのバーテンダーの1人がつけたもの)。

(＊訳註：[1]ソレラ方式とは、熟成用の樽を数段積み、一番下の樽から、使う分を抜きとる。そして、次々と上から下へ補充し、一番上の樽に新しいシェリーを注ぎ足す方法。　[2]プリンスは、マイケル・ジャクソンのすぐ後に、頭角を現した黒人天才ミュージシャン。)

スタンフォード・カクテル　The Stanford Cocktail

(〈バー・ヘミングウェイ〉、リッツ・パリ、2000年2月4日)

アペリティフ用のすばらしいカクテル。キューバ産の新しい若い葉巻ととてもよく合う
もちろん、ドミニカ共和国の葉巻だっていい

コニャック　4/10
アモンティリャード・シェリー　6/10
アンゴスチュラ　1ダッシュ

材料をオールド・ファッションド・
グラスに注ぐ。
ステアして出す。

うちの常連客の1人に、パトリック・ペローという人がいる。いつも、一緒に連れてくる人を慎重に選んでくれるので、うちのバーでは、この方にお酒を出すのを楽しみにしている。彼がスタンフォード大学に入学した時、そのお祝いにこのカクテルを創った。1920年代の雰囲気が色濃く漂うカクテルで、シガー・カクテルにもってこいだ(パトリックは葉巻を喫わないが……いまはまだ)。

yoko

Noilly
Prat
Martini
Picasso
YOKO

ピカソ・マティーニ　The Picasso Martini

(《バー・ヘミングウェイ》、リッツ・パリ、2000年10月14日午前1時45分)

正午に飲みたいカクテル

-18.4℃のジン　8/10
ノイリー・プラットの角氷　1個

ジンをカクテル・グラスに注ぐ。
ノイリー・プラットを凍らせてつくった角氷をとりだし、グラスに落とす。

もちろん、ピカソがこのカクテルを飲んだはずはない。この偉大な画家は数多くの芸術表現様式を用いたことで有名だが、そのひとつにキュービズムがある。キュービズムは1906～1907年にかけて展開された現代絵画の一派で、ピカソの「アヴィニョンの娘たち」もそのひとつ。セザンヌ、ブラック、ファン・グリスを経て、1914年頃、総合的キュービズムの時代に入る。キュービズムとは、何かを削ることによってその本質に迫ろうという表現法で、いわば、画題を機械的にこわしていく手法だった。ここで、わたしが創った“こわされた”マティーニを紹介しよう。

そのアイディアが浮かんだのは、うちのバーでバンドリッテを飲んでいたアメリカ人の美女2人のおかげだった。そのとき、自宅でつくるマティーニが話題になっていた。美女の1人が角氷について語り、それと同時に、もう1人がノイリー・プラットについて語っていた。2人の話に耳を傾けるうちに、ひらめいたことがあった。ノイリー・プラットを凍らせた角氷。素人でも手軽につくれる。カクテルをお客様に出す直前に、この角氷を入れる。5秒後、角氷をとりだすか、入れたままにしておくか、お客様自身がどちらかを選ぶ。

完璧な辛口マティーニをつくりたいときは、辛口ベルモットの温度をジンより低くしておくのが望ましい。そうすれば、ベルモットの角氷が必要以上に溶けてしまうのを防げる。

ノイリー・プラットで角氷をつくるには、この辛口ベルモットを蒸留水で薄めて、アルコール度が5°をすこし超えるぐらいにしておく必要がある。こうして誕生したのが、ニューウェーブのマティーニで、世間にはあまり知られていない。角氷はジンとベルモットのバランスが完璧になるまで、グラスに入れておく。

パンプキン・カクテル　または　フォンセカ？
The Pumpkin Cocktail or the Fonseca?
ヘッドレス・ホースマン　または　ジャック・オ・ランタン？
The Headless Horseman or The Jack O'Lantern?

(〈バー・ヘミングウェイ〉、リッツ・パリ、2000年)

シガー・カクテル。葉巻のロメオ・イ・フリエタ・カザドレスを喫うときに、モヒートとミント・ジュレップを合わせたようなこのカクテルを飲んでみてほしい

フランスとアメリカがひとつになったような、ハロウィン向きのおしゃれなカクテル。10月いっぱい、お客様に出している。10月に飲みそこねたお客様のために、11月に入ってからも、出すことがある。ドミニク・フォンセカとわたしがこのパンプキン・カクテルを考え出した。ドミニクはリッツ・パリに20年以上いるシェフで、2000年には、フランスのシェフにとって最高の栄誉といわれる“フランス国家最優秀料理人賞”を受賞している。わたしがパンプキンをカクテルにどう使うか悩んで、ドミニクに相談してみると、この有名シェフは熱心に耳を傾け、思慮深いアドバイスをくれた。そのおかげで（そして、わたしの片腕であるジョアン・ビュルゴスのおかげで)、王冠の宝石のように貴重なこのカクテルを創りだすことができた。

生のミントの小枝　1本
グラニュー糖　小さじ3
レモン果汁　1/10
メーカーズ・マーク*　4/10
パンプキン・ジュース　5/10

生のミント、砂糖、レモン果汁を直接オールド・ファッションド・グラスに入れる。材料を10秒ほどマドラーでかきまぜる。ウィスキーとパンプキン・ジュースを加える。
ステアしてから、黒いストローを添えて出し、この特製カクテルを楽しんでいただく。

(＊訳註：有名な高級バーボン・ウィスキー)

ヘミングウェイ・ホット・ワイン　Hemingway Hot Wine

(1994年から〈バー・ヘミングウェイ〉で出している)

イギリスでは、毎年11月5日に、ガイ・フォークスの人形を燃やす行事がおこなわれる。17世紀に実在したこの危険人物は議会を爆破しようとしたのだ。最近は、寒いイギリスの夜空を彩る華麗な花火を見物する日に変わってきている。わたしの母レナーテは、ドイツの生まれで、寒さを撃退するために、家族みんなにホット・ワインをつくってくれたものだった。

わたしは〈バー・ヘミングウェイ〉で数年経験を積んだのちに、母のホット・ワインをもっとおいしく飲む方法を工夫した。

ラポストール社のコニャック　2滴
グラン・マルニエ　2滴
野イチゴのリキュール*　2滴
ポート　2滴
シナモンスティック　1本
オレンジとレモンの薄切り
赤ワイン

材料をワイン・グラスに入れる。赤ワインをひたひたに注ぎ、5分たってから出す。

(＊訳註：p.79を参照)

yoko

YOKO

ダコタ　Dakota

（〈バー・ヘミングウェイ〉、リッツ・パリ、2000年3月）

スポーツマンに、あるいは、働きづめのビジネスマンに飲んでいただきたいカクテル

うちの父が1940年代に英国空軍にいた当時、すべての戦闘機や輸送機のなかで一番のお気に入りだったのが、プロペラ双発輸送機のダコタだった。

スミノフ・ウォッカ　4/10
人参ジュース　3/10
ビーフ・コンソメ　3/10
香辛料（塩、胡椒、タバスコ、ウスターソース）

材料をシェークしてタンブラーに注ぐ。セロリのスティックを飾る。

プラチナの銃弾　The Platinum Bullet

（〈バー・ヘミングウェイ〉、リッツ・パリ、1997年）

正午からのカクテル

紳士のために書かれたドライ・マティーニの本を読んだとき、自問自答してみた——“銀の銃弾”と呼ばれる有名なドライ・マティーニのさらに上をいこうとしたら、どうすればいいだろう。しかも、わたしは“銀の銃弾”という名前が大好きだ。ドライ・マティーニは1869年ごろにイギリス人によって創りだされ、19世紀後半に英国陸軍工兵隊の強力な武器だったマルティーニ・ヘンリー銃からその名をとったと、わたしは確信している。そこで名案が浮かんだ。プラチナの銃弾のほうが銀のものより珍しくて高価だ！

“出されたばかりのドライ・マティーニは、いつだって冷たすぎる。ところが、飲み終える頃には、ぬるくなりすぎている”。（ポール・ニューマン。〈バー・ヘミングウェイ〉にて。1999年）

タンカレー・ジン　−18.4℃に冷やしたもの

−18.4℃に冷やしておいたジンを、カクテル・グラスに直接注ぐ。瓶詰めのものではない超大粒のオリーブを添えて、英国陸軍工兵隊のために乾杯する！

ザ・シティ　The City

(〈バー・ヘミングウェイ〉、リッツ・パリ、2000年5月19日)

マティーニ系のカクテル

ラズベリー・ウォッカ	8/10
(作り方はp.65参照)	
ライム半個を絞った果汁	1/10
コアントロー	1/10

材料をシェーカーに直接入れる。
カクテル・グラスに注いで出す。
飾りはなし。

リュカ・ザカラは1994年以来〈バー・ヘミングウェイ〉を贔屓にしてくれているお客様のひとりで、バーにくるたびにマティーニを飲んでいた。

ところが、最近、彼の好みがマティーニを離れ、コスモポリタンに移ってしまった。ただ、そちらは甘ったるくて、マティーニの持つすばらしいキックに欠けている。そこで、うちのバーでさっそく、このカクテルに改良を加えた。

テュッツィンズ　Tützins

(〈バー・ヘミングウェイ〉、リッツ・パリ、1995年)

長い1日のあとで、夕方に飲むカクテル

スコッチ・ウィスキー	1/10
キュンメル・リキュール	1/20
テュッツ・ビール	

スコッチとリキュールをビールのグラスに注ぐ。凍りそうに冷えたビールをグラスの縁まで注ぐ。

以前、シュッツェンブルガー・ビール醸造所のマリ・ローレン・ミュラーから、そこでつくっている“テュッツ”というビールをベースにしてカクテルを創ってもらいたいと、頼まれたことがあった。

いつものように、わたしは時間をかけて考えた。うちのバーで使っているキュンメル・リキュールを合わせてみたところ、そこに含まれたクミンの香りがビールにすばらしい風味を与えてくれることがわかった。カクテルの名前は“トッツィンズ”をもじったもの。ちなみに、トッツィンズとはアフリカーンス語(南アフリカ共和国の公用語)の単語で、「それじゃ、また」という意味(ケープタウン生まれの父に捧げたい)。

ice brewed beer since 1740.
la bière la plus fraîche du monde
YOKO

ビルボ・バギンズ　Bilbo Baggins

（〈バー・ヘミングウェイ〉、リッツ・パリ、1994年）

ディナーの最後に飲みたい、元気の出るカクテル

ピスコ・コントロール	6/10
コアントロー	4/10

氷をたっぷり入れたオールド・ファッションド・グラスに材料を直接注ぐ。飾りはなし。見た感じは、グラスに水が入っているとしか思えない。

（訳註：ピスコは南米ペルー産ブランデー。グレープ・ジュースか、その搾り粕を発酵・醸造させて造る。アルコール度50°。素焼の壷で熟成させる。ピスコ・コントロールは、チリの農業協同組合コントロール社で出すピスコの商品名。アルコール度43°。）

〈バー・ヘミングウェイ〉は、文学にゆかりの深いバーである。そこで、昔から大好きだったファンタジー小説の『ホビットの冒険』と『指輪物語』（J・R・R・トールキン作）をもとにしたカクテルを創ってみた。トールキンが『ホビットの冒険』を書きはじめたのは1930年ごろなので、当時のヘミングウェイが30代初めだったことを考えれば、冒険と勇気と苦闘を描いたこの作品を彼も読んでいたことは、ほぼまちがいないと思う。

この作品の本来の主人公は、ビルボ・バギンズ（ただし、世界を救うための戦いに出かけていくのは、フロドのほうだ）。冒険とスリルは、ホビットには似合わない。ホビットは平和な小人族で、習慣を変えたり、冒険に巻きこまれたりするのを好まない。そこで、わたしは、竜を退治したり、階段からころげ落ちたり、お茶の時間にビスケットの用意を忘れたりしたときに、ビルボが必要としそうなカクテルを創ってみた。

フラティーニ　Fratini

（〈バー・ヘミングウェイ〉、リッツ・パリ、1994年）

ディナーの最後に飲みたい、元気の出るカクテル

イチゴ（最高級のもの）	5〜8粒
ウォッカ	

イチゴをウォッカの瓶に入れておく。3週間寝かせてから、氷を入れたグラスに注ぐか、もしくは、マティーニ風のカクテルに仕立てる。

これも簡単に用意できるカクテル。自分の楽しみのために創ってみた。

yoko

YOKO

ル・シャルレ　Le Charray

(〈バー・ヘミングウェイ〉、リッツ・パリ、1999年)

アペリティフ用のカクテル

シャルレ伯爵は〈バー・ヘミングウェイ〉が大歓迎しているお客様のひとり。そのウィットやユーモア、いかにもパブリック・スクール出身らしい魅力が、このバーにやってくる世界中の人々に愉快なひとときを与えているようだ。ただ、残念なことに、アルデシュにある領地の管理に膨大な時間をとられるため、伯爵がバーに顔を出してくださることは、それほど多くない。

ある夜、伯爵が、自分の広大な領地でブドウを育てて、フレッシュで爽やかなサンセールのようなワインを楽しむことはできないものかと、考えこんでおられた。そこで、わたしはその一歩先を行けないかと考えた。伯爵の許可を得た上で、昔ながらの伝統を踏まえて、サンセールにミステル（ブドウ果汁にアルコールを添加して発酵をストップさせたもの）を加えることにした。リエはボルドー産のリキュール。アペリティフとしてそのまま飲んでもおいしいし、アルコールのベースがしっかりしているので、カクテルの材料としても理想的。しばらくのちに、伯爵はわたしのレシピにアンゴスチュラ・ビターズを1滴加えることに決め、いまや、ほかのカクテルはいっさい飲まなくなっている。伯爵の友人たちも然り。すでにいくつかのホテルから、レシピを教えてほしいと電話がきている。伯爵も、わたし自身も、この評判をけっこう楽しんでいる。

リエ *	3/10
フランス産の辛口白ワイン	7/10
アンゴスチュラ・ビターズ	1滴

材料をボルドー・グラスに直接注ぐ。紳士には飾りを添えない。レディには、グラスの縁に白バラを添える。

(＊訳註：p.31参照)

CHAPTER VI

シガーカクテル

シガー・カクテルとは？

きわめて特殊な、そして高度な技術が要求されるシガー・カクテルのレシピ創りに挑戦する前に、ぜひとも知っていただきたいのは、葉巻にはさまざまなタイプがあるということだ。田園の心地よい匂いを感じさせる、強くて土臭い葉巻もあれば、“ラモン・アロネス”や“ラファエル・ゴンザレス”のように、チョコレートに似たなめらかな風味を備えた葉巻もある。それから、“グロリア・キュバーナ”のように、軽くてフルーティで、バニラやクルミやハーブの風味を持つものとか、“オヨ・デ・モンテレー No.2”のように野菜っぽい特徴が出ているものもある。

工場が違えば葉巻の特色も変わるし、毎年のように、新しい工場が誕生している。タバコの葉そのものも進化している。最近では、“ハバナ92”や“ハバナ2000”という、タバコ疫病や青カビ病に強いタバコの開発が進んでいて、そのため、今日の葉巻の風味や熟成度に変化が生じている。また、“ハバナ・ブエルタ・アリバ”という新種のタバコを試験的に栽培してみたところ、寄生植物のハマウツボやモザイク病にとても強いことがわかった。おかげで、昔に比べてタバコの収穫量が安定してきているが、その反面、熟成に以前ほど時間をかけなくなったという意見も一部で出ている。1960年代には20〜30年ほど熟成させるのがふつうだったのに、現在は、最長でも10年ぐらいになっている。といっても、それが大きな問題になるわけではない。10年ものを手に入れるのも、2年ものを手に入れるのも、同じぐらいむずかしいことなのだ。最近知ったことだが、店で買える葉巻の平均熟成期間は半年ぐらいだそうだ。

誰も気づいていない事実がひとつある。葉巻の生産は1年ごとに変化していく。あなたがこの前くゆらしたロメオ・イ・フリエタ・カサドラスは、1998年に12の工場（ホセ・マルティ、ブリオネス・モントート、ビラ・クララ、サンクティ・スピリトゥス、ピナール・デル・リオなど）のどこかでつくられたものかもしれない。いずれもきわめて小規模な工場で、その一部では、コイーバ、H・アップマン、パルタガス、パンチなど、1985年に生産が中止されたシフエンテスを除いて、ほぼすべての銘柄の葉巻を生産している。

シガー・カクテルを創るには、自分で葉巻を味わってみることがとても大切だ。だから、バーテンダーも、カクテル創りの好きな素人も、人に葉巻を勧めるときは、それに関して最新の知識を持っていなくてはならない。そんなことが現実に可能かって？　もちろん。ソムリエに何かいいワインを選んでほしいと頼むときだって、頼む側は、ソムリエならお客様に勧めるワインのことをくわしく知っているにちがいない、と信頼しているのだから。

葉巻が与えてくれるさまざまな味覚体験をあらわすには、数多くの形容詞がある。葉巻に合ったカクテル創りに挑戦する前に、葉巻をくゆらすときの味わいの変化を知り、理解することがとても大切だ。誰でもすぐにわかるだろうが、葉巻を1本喫うあいだ、1杯のカクテルで通すのは無理がある。ただし、ドミニカ共和国産の葉巻には、このルールはあてはまらないかもしれない。ここの葉巻には味わいの変化がほとんどないからだ。こういう葉巻は“直線的”と呼ばれている。葉巻をくゆらすあいだ、その風味にほとんど変化がないので、同じカクテルで通すことができる。

それとは対照的に、ハバナ産の葉巻は箱ごとに風味が異なるだけでなく、1本1本の風味も異なっている。それだけではない。巻いてある葉の品質が劣っている場合もけっこうある。ハバナ葉巻の愛好者には、次の銘柄をお勧めしたい――ロブストス、グラン・コロナス、コロナス・ゴルダス（一例を挙げるなら、ホアン・ロペスNo.1や、モンテ・クリスト・シリーズNo.2。これは“T”もしくは“トルペード”と呼ばれることが多い）、いくつかの工場で生産されているベリコソス。

これらの葉巻の煙の通り具合は90％完璧である。わたしは、日に約20本もの葉巻をお客様に出す関係から、フランス、スペイン、イギリス、スイスから買い入れた幾種類もの葉巻の口をカットした経験を持っている。自信をもって断言できることだが、イギリスとスイスから買った葉巻は、ヨーロッパのほかの地域のものに比べて、はるかに品質がすぐれている。葉巻の熟成のさせ方が上手なのだろう。もし将来すばらしい葉巻を味わってみたいと思ったら、かなり手間がかかるのは覚悟の上で、保管に神経を遣わなければならない。芸術的ともいえるキューバ葉巻の魅惑的な特徴をひきだすには、今われわれがやっているより、もうすこし長く寝かせておくほうがいい。この点では、ハバナ産以外の葉巻のほうが評判がいい。安定した質のいい葉巻を生産するという点で、はるかにすぐれている。本格的な葉巻愛好者が、シガーケースに上等のダヴィドフや、フロール・デ・セルバや、オヤ・デ・ニカラグアを入れていなかったら、それこそ無分別というものだ。こうした葉巻があれば、夜のひとときをゆったりすごすことができるのだから！

フランスには、すばらしい葉巻がたくさんある。ただ、葉巻にうるさい人に言わせると、その大部分は“プリムール”なので、ワインと同じようにストックして熟成させる必要があるそうだ。とは言うものの、“ボジョレ・ヌーヴォー”が世界中にファンを持っているように、若い葉巻にもファンがいていいはずだ。

上質の葉を巻いてつくられた葉巻を熟成させるのは、魅惑的な体験だ。木箱《キャビネット》入りの若い葉巻を買い、ときたま、そのなかの1本をとりだして熟成具合をたしかめ、熟成がどこまで完璧に近づいているかをきちんと見極めた上で、特別な機会にお客様に出し、とびきり上等の銘柄ものを味わってもらうことこそ、葉巻を愛するエピキュリアンの醍醐味といえるだろう。

（訳註：ワインの世界では初物、つまり収穫年に飲むワインのことを「プリムール」と呼ぶ。ボジョレ以外は、ヌーヴォーとは呼ばず、プリムールと呼んでいる。）

ハバナ葉巻の分析

ハバナ葉巻は、3つの段階にはっきり分けることができる。最初は、葉巻が温まっていく段階。とても軽い風味だが、葉巻の個性はまだ出ていない。そこにあるのは、植物的な軽い味わいで、たとえば、湿気を含んだ秋の干し草や、森に生えたキノコのほのかな香りが感じられることだろう。次にくるのは、もっとバランスのとれた段階。チョコレート、煎ったコーヒー豆、土、バニラ、ジンジャー、軽いスパイス、ナツメグ、シナモン。この第二の段階は、葉巻を喫いはじめたときの軽さと、最後の段階が持つ力強さのあいだで、ほどよくバランスがとれている。さて、葉巻を心から愛する人達は、最後の段階をもっとも大切にしている。ここにこそ、葉巻の真髄がある。コリアンダーとカレーのスパイス、挽いた黒胡椒とタバスコの香りの中から、ブラックチョコと深煎りコーヒー豆の強烈な風味が顔をのぞかせ、舌に広がり、人が葉巻をくゆらすたびに、その唇を愛撫する。この段階まで来たら、葉巻を愛する人達には、一度喫うたびにゆっくり時間を置いてもらいたいものだ。でないと、葉巻が熱くなりすぎて、葉巻とそのご主人のあいだに生まれる魅惑的ではあるがあまりにも短い絆のなかの、この最後の香気《サントゥール》を心ゆくまで味わうことができなくなるからだ。

BAR HEMINGWAY
RITZ PARIS
YOKO

すでにおわかりと思うが、3つの段階すべてにふさわしい風味を持つカクテルをつくろうとしても、それは無駄な努力というものだ。バーテンダーは、お客様に一番お勧めしたい部分に合わせてカクテルをつくるか、あるいは、あくまでも営業第一に考えて、1時間のくつろぎに合わせたカクテルを2、3種類つくるか、どちらかにしなくてはならない。葉巻にぴったりのカクテルがつくれるかどうかは、バーテンダーの腕と、強いお酒を味わうことによって蓄積してきた味覚の鋭さにかかっている。

葉巻の強烈な香りと、一般の迷惑にならないようにその香りを消す方法

もっとも効果があるのはアロマ・キャンドルだが、目的に合った香りを選ばなくてはならない。それにうってつけのキャンドルとは、香料の成分が7%以下で、熱烈な葉巻愛好家の好むエッセンスをさらに強めてくれるキャンドルだろう。チョコレート、バニラ、クルミ、煎ったコーヒー豆、ジンジャー、ナツメグ、シナモンなどの香りを試してもらいたい。こうした香りが漂っていれば、葉巻の好きな人が、最高の（もしくはその逆の）一夜をしめくくる最高のひとときを楽しむあいだ、葉巻を喫わない人もそれを心地よく受け入れることができる。葉巻の好きな人にとっては、深くなじんだこれらの香りが、葉巻をくゆらす喜びをさらに高め、喫っている葉巻の魅力までも高めてくれることだろう。誰もがしばしば経験していることだと思うが、パイプの好きな人が煙草の煙で部屋を満たした翌日、室内にレーズンとチョコレートの香りが漂っているのは、なんとも言えず心地のいいものだ。

PアンドT　P and T

（〈バー・ヘミングウェイ〉、リッツ・パリ、1999年12月31日。バーテンダーのジョアンがフィリップ氏とトマス氏のために創ったカクテル。ピエールと多くの友人のおかげで、このカクテルは有名になった。これを〈バー・ヘミングウェイ〉の名物にしたのは、彼らだといってもいいだろう）

シガー・カクテル

フィリップ氏とトマス氏はアメリカ人の紳士で、〈バー・ヘミングウェイ〉の年越しパーティにはかならず顔を出して下さる。2人とも、シャンパンはもちろんのこと、ウォッカ・ベースのカクテルにも目がない。午前4時ごろ、ジョアンがブラジルっぽい雰囲気を持つこのカクテルを創った。カイピリーニャによく似ているが、じつはまったく違うものだ。〈バー・ヘミングウェイ〉の常連客がこの2人と知り合いになり、以後、バーにくるたびにこのカクテルを注文して、その場にいない友人たちのために乾杯する。この常連客の好きな葉巻は、オヨ・デ・モンテレー・ダブル・コロナズ。もうすこし強い風味がほしいときは、パンチ・ダブル・コロナや、50種類のキャビネット・セレクションに入っている好みの銘柄を、熟成年数を基準にして選んでいる。

（訳註：カイピリーニャ Caipirinha は田舎のお嬢さんの意味。ブラジルのラムの一種であるピンガを使う。ピンガ、ライム、砂糖の3つが材料。）

ライム	1個（櫛形にカット）
レモン	1個（櫛形にカット）
コアントロー	2/10
ウォッカ	8/10

ライムとレモンをオールド・ファッションド・グラスに直接入れる。果汁がにじんでくるまでつぶす。氷片を加える。ただし、細かく砕いた氷は使わないこと（砕いた氷だと、カクテルが水っぽくなってしまう）。コアントローとウオッカを注ぐ。やさしくステアして出す。飾りは使わない。グラスのなかに広がるグリーンと黄色の彩りだけで充分だ。

ビュルゴス　The Burgos

(〈バー・ヘミングウェイ〉、リッツ・パリ、1995年9月)

シガー・カクテル

アンゴスチュラ・ビターズ　6滴
コニャック　9/10

氷をたっぷり入れたオールド・ファッションド・グラスに、材料を直接注ぐ。ステアして出す。

ジョアン・ビュルゴスとわたしは夜通し働いて、くたくたに疲れていた。時刻は朝の5時、後片づけを終えて、椅子にすわり、チェスボードを出したところだった。2人で上等の葉巻を選び、いつものように、わたしがジョアンにこてんぱんにやっつけられることになった。チェスは昔から、わたしにとって、謎めいたものだった。心から楽しめる唯一のゲームだ。ただし、毎回、わたしが負けてしまう！

葉巻に合うカクテルを思いついたのは、このときだった。ジョアンの苗字をもらったこのカクテルは、本人と同じく“迅速さと効率の良さ”が特徴。

名前のないカクテル　No Name

(ジョアン・ビュルゴス、〈バー・ヘミングウェイ〉、リッツ・パリ、2000年)

夜の半ばに飲みたい、とても上等なシガー・カクテル

ラムの古酒　8/10
ハチミツ　2/10
シナモンスティック　4本
(半分に折っておく)

材料をシェーカーに直接入れる。勢いよくシェークしてから、カクテル・グラスに注いで出す。飾りはなし。

これはジョアンが考えだしたカクテルで、ハチミツ小さじ1を加えたラムに、少々乱暴かもしれないが、シナモンスティックをじかに浸してつくる。

ジョアンがこのカクテルを思いついたのは、バカルディのスパイス・ラムを試飲していたときだった。口に含んだとたん、さまざまなスパイスの香りが感じられた。とくに、シナモンの香りが強烈だった。ジョアンはこのすばらしいラムをカクテルに生かしたいという夢にとりつかれ、何度か挑戦したのちに、思いきりファッショナブルなカクテルを考えだした。わたしの口から言うのもくやしいが、このカクテルは技術的に見て完璧だし、材料のバランスも申し分ない。その上、バーの常連客が毎晩のようにこれを注文してくださっている。

The Bungos
Yoko

BAR HEMINGWAY
RITZ PARIS

No. 1

(〈バー・ヘミングウェイ〉、リッツ・パリ、2000年7月24日)

暖かな季節になったら、午前11時から飲むのにぴったりのカクテル

シェフの冷蔵庫に新顔のハーブ——レモン・ヴァーベナ——が入っているのを見たとたん、このカクテルのアイディアがひらめいた。わたしがこのカクテルを考えだしたのは、自分自身のためであり、そのとき喫っていたナット・シャーマンのゴッサム・セレクションNo.500という葉巻のためだった。

どうして“No.1”という名前にしたのかって？　夏のカクテルの中で、これが一番好きだから。南仏にいたころ、よだれの垂れそうなこのカクテルを夢にまで見たものだったが、残念ながら、あちらでは、いくら探しても、レモン・ヴァーベナが手に入らなかった。

生のレモン・ヴァーベナ*の小枝	1本
砂糖	小さじ2
ペリエ	1/10
アブソルート・ウォッカの生	1本

レモン・ヴァーベナと、砂糖と、ペリエを、オールド・ファッションド・グラスに直接入れる。ヴァーベナの小枝を軽くかきまわす。砕いた氷をたっぷり入れる。ただし、削り器で削った氷は使わないこと。すぐに溶けて、カクテルが水っぽくなってしまう。そこにウォッカを加える。レモン系ハーブの香りが漂うこのウォッカの味わいは、すばらしいの一語に尽きる。

(＊訳註：レモン・ヴァーベナ Lemon Verveine は、クマツヅラ科のハーブで、レモンの香りがする。リキュールの材料の他、ハーブ・ティー、ポプリなどに使われる。別名ヴェルヴェーヌ。)

CHAPTER VII

リッツ・パリの〈カンボン・バー〉で生まれたカクテル

（このバーは、一般に〈リッツ・パリ・バー〉と呼ばれている）

ブルー・バード　Blue Bird

(〈カンボン・バー〉、フランク・メイエ、1933年)

このカクテルは、砂漠ラリーに参加したマルカム・キャンベル卿のレコード・タイムを祝うために創られた。最近は、色づけにブルー・キュラソーを使うバーテンダーが多いが、もちろん、これはとんでもない間違いだ。

ジン	8/10
レモン果汁	2/10
ブルーの植物性着色剤	数滴

材料をオールド・ファッションド・グラスに直接注ぐ。

ニッキーズ・フィズ　Nicky's Fizz

(〈カンボン・バー〉、フランク・メイエ、1923年)

ニコラス・トゥマノフ大公のために、特別につくったカクテル

甘味をつけたグレープフルーツ果汁	グラス半分
ジン	グラス1杯
シュウェップスのソーダ水	

グレープフルーツ果汁とジンをシェーカーに入れる。よくシェークし、ストレーナーで漉しながらタンブラーに注ぐ。シュウェップスのソーダ水を加えて出す。

(訳註：グラスが、リキュール・グラスだとすると、グレープフルーツ果汁が15ml、ジンが30mlになる。グラスが不明なため基準がはっきりしない。原文のまま訳す。)

シー・ピー　Sea Pea

(〈カンボン・バー〉、フランク・メイエ、1933年)

〈カンボン・バー〉の常連客で、フランクと仲のよかったアメリカの音楽家、コール・ポーターのために生まれたカクテル。

アニス・リキュール	3/10
レモン果汁	1/10
トニック・ウォーター	

アニスとレモン果汁をタンブラーに直接注ぐ。グラスの縁までトニック・ウォーターを注ぐ。

(訳註：原文は単に「アニス」で、銘柄不明。p.137では銘柄の指定がある。)

FRANK MEIER
Sidecar 1923
Corpse Reviver No.2 1926
N.C.R. 1933
Mimosa 1925
Elegant 1933
Sea Pea 1933
Blue ird 1933
Ritz
YOKO

エレガント　Elegant

(〈カンボン・バー〉、フランク・メイエ、1933年)

リッツ・パリではグラン・マルニエをよく使っていた。実は、ホテルのオーナーだったセザール・リッツがラポストール社ととても親しくしていた。はるかな昔、ラポストール社のマルニエ・オレンジ・リキュールに“グラン・マルニエ”という名をつけるように提案したのも彼だった。

ジン	5/10
辛口ベルモット	4/10
グラン・マルニエ	1/10

材料をミキシング・グラスに直接入れる。
よくステアして、カクテル・グラスに注ぐ。

N.C.R.

(〈カンボン・バー〉、フランク・メイエ、1933年)

ＮＣＲ社のために特別に創られたカクテル。

ノイリー・プラット	1/3
クレーム・ド・カカオ	1/3
ラム	1/3

材料をシェーカーに直接入れる。
しっかりシェークして、カクテル・グラスで出す。
(訳註：材料の頭文字が、N. C. R.になっている。)

グリーン・ハット　Green Hat

(〈カンボン・バー〉、1933年)

ジン	グラス半分
グリーンのクレーム・ド・マント	グラス半分
シュウェップスのソーダ水	小瓶1本

大きな氷を入れたタンブラーに、材料を直接注ぐ。
ステアして出す。
(訳註：クレーム・ド・マントがジンの上に緑の帽子のように層をつくる。)

コープス・リヴァイヴァー No. 2
Corpse Reviver No. 2

(〈カンボン・バー〉、フランク・メイエ,、1926年頃)

ニューマン氏は、パリで一番古いカクテル・バーのひとつと言われる〈グラン・オテル〉のヘッド・バーテンダーだった人で、すでに1909年に、“コープス・リヴァイヴァー”なるカクテルについてメモを残している。ここに書いたレシピは、フランク・メイエが考えだしたもの。一般に“コープス・リヴァイヴァー”と言えば、もっと以前に誕生したものを指している。だから、ここでは“No. 2”と名づけた。
(訳註：コープス・リヴァイヴァーは、蘇生させるという意味で、二日酔いの迎え酒。)

レモン1/4個分の果汁
ペルノー社のアニス　グラス1杯
シャンパン

レモン果汁とアニス（ペルノー）をクープ・グラスに注いで、
氷をひとかけら加える。
シャンパンをなみなみと注ぐ。ステアして出す。

ミモザ　Mimosa

(フランク・メイエ、1925年——真偽は不明)

何冊かの本に、ミモザは1925年にパリのリッツ・パリで誕生したと書かれている。ところが、フランク・メイエが1933年に出したカクテルブックには、ミモザ（別名シャンパン・オレンジ）のことが出てくるが、フランクが考えたものだとは書かれていない。このカクテルを創ったのはリッツ・パリではないという説をとるほうが、無難かもしれない。それとも、フランクが、自分の創ったカクテルに署名を入れるのを忘れてしまったのだろうか。
(訳註：パリで豪遊した薩摩治郎八氏は、このカクテルは自分が考案したと言っている。19世紀末、シャンパンのボランジェ社が婦人向きに考案したという説もある。)

オレンジ半個分の果汁
シャンパン

オレンジの果汁をクープ・グラスに入れて、氷をひとかけら加える。
シャンパンを注ぎ、ステアして出す。

フォグ・ホーン　Fog Horn

(〈カンボン・バー〉、1933年)

ジン　グラス1杯
ジンジャー・ビア

ジンと大きな氷をタンブラーに入れる。
ジンジャー・ビアをたっぷり注ぎ、レモンの薄切りを添えて出す。
(訳註：フォグ・ホーンは、霧笛。)

デス・イン・ザ・ガルフ・ストリーム　Death in the Gulf Stream

(ホテル・リッツ・ロンドン、1922年以前)

午前11時からのカクテル

カクテルの最後を飾るのは、残念ながら、わたしが創作したものではない。“メキシコ湾流に死す（デス・イン・ザ・ガルフ・ストリーム)”という名前のカクテルで、アーネスト・ヘミングウェイ本人が1937年1月にキー・ウェストで創りだしたものだ（『紳士の友』——チャールズ・ベイカー・Jr著、第2版、1946年——にそう書いてある)。

“細めのタンブラーを用意して、細かく砕いた氷をたっぷり入れる。この氷の上から、きれいな紫色をしたアンゴスチュラを4滴垂らし、グリーン・ライムの絞り汁と、つぶした皮を加えてから、オランダ・ジンをたっぷり注ぐ……砂糖は使わない。飾りも使わない。できあがった酒は強くて苦みがあるが、イギリスのエールだって、強くて苦みのあるものが多い。エールに砂糖を入れる者はいないのだから、デス・イン・ザ・ガルフ・ストリームにも砂糖は必要ない。入れるとしても、せいぜい小さじ1杯ぐらい。強烈さと苦みこそが、このカクテルの最大の魅力なのだ。これを飲むと生き返った心地がして、気分が爽やかになる。カクテルが血液を冷やしてくれて、料理と友と人生に対する新たな関心を呼びさましてくれる。”

yoko

エピローグ

みなさんに楽しんでいただいたこのカクテルブックも、このあたりでそろそろおしまいにしよう。もちろん、一番楽しんだのは、著者であるわたしだった。きちんと伝えておきたい事実がいくつもあった。たぶん、伝説もすこし織りこまれているだろう。カクテルの誕生から35年以上たって、今ようやく、みなさんに真実の一部をお伝えできることになったのだ！

本書に登場するカクテルのうち、わたしが創りだしたものには、わたしの署名が添えてある。その他のカクテルについては、なるべく多くの真実を調べあげて、説明をつけておいた。どんな資料に当たったかも、できるかぎり引用したつもりだ。クラシックなカクテルも参考までに添えておいたが、カクテルに関するエピソードはほとんどつけていない。

わたしはどうしても、この本を書いておきたかった。カクテルの世界に対する〈バー・ヘミングウェイ〉の貢献には、計り知れないものがある。もしあなたが世界的に有名なバーを訪れて、シンプルなグラスに果物と角氷が入れられ、素敵なカクテルが注がれ、バラか蘭の花が飾られるのを見たなら、リッツ・パリの〈バー・ヘミングウェイ〉で働くバーテンダー達のことを思いだしていただきたい。何年も前には批判の的になっていた〈バー・ヘミングウェイ〉だが、わたし達の努力でその水準をひきあげ、今日では、一流のバーの多くが、うちのカクテルの作り方を取り入れている。

世界中のバーで出してくれるカクテルを、どうか楽しんでいただきたいが、そのときにほんの一瞬でいいから、誰がそのカクテルを創ったのかを思いだしてもらいたい。それもカクテルを味わう楽しみのひとつなのだ。カクテルを飲むというのは、ものすごく真剣なことであると同時に、とても愉快なことでもある。

この本を読んでくださったみなさんに、お礼を申しあげたい。何年も前からこの本を書きたいと思っていたが、これまではその勇気がなかったのだ。語りたいことは数多くあり、カクテルをめぐる説についても、みなさんに伝えて弁護したいものが数多くあったが、文筆家でないわたしにとっては、それを文章でどうやって伝えればいいのかが、つねに不安のタネだった。このささやかな本があなたに楽しい時間を与え、多くの場面で――とくに、おいしいカクテルが必要な場面で――あなたの良き友となってくれれば、著者としてこんなうれしいことはない。

つねに心に留めておいていただきたいが、カクテルはできるだけシンプルに、そして、できるだけ正しい方法でつくっていただきたい。正当な理由づけがないかぎり、ブドウからつくったアルコールと、小麦からつくったアルコールをミックスするようなことは、やめていただきたい。一流のバーでも、売り上げを伸ばそうとして、そういうミスを犯すことがあるのだが……。カクテルはとても楽しいものだが、カクテルをつくるときは、準備をきちんと整えておく必要がある。でないと、失敗に終わってしまう。大量の氷と、上等のシェーカーと、カクテルにふさわしいグラスと、マドラーと、装飾用の果物とを、そろえてもらいたい。カクテルを何杯もつくるときは、ほかに急ぎの用がないことをたしかめてからにしよう。カクテルづくりに夢中になるあまり、ほかの用を片づける時間がなくなってしまうから。

コリン・ピーター・フィールド

謝辞

ブリジット・バンドリッテに特別な感謝を捧げたい。
この企画を熱烈に
応援してくれたことに対して。
それから、ヘネシー・グループの“大胆なバーテンダー”である
フェルナンドにも、心からお礼を言いたい。
2人のバーテンダー、ジョアン・ビュルゴスと、クリストフ・レジェにも、
その腕の良さと、ユーモアのセンスと、わたしへの忍耐心に対して、
多くの感謝を捧げたい。
イラストを担当してくれた、仲良しのヨウコにもお礼を言いたい。
内容にぴったり合ったイラストを描いてもらって
感謝している。

訳者あとがき

ヒットラーの厳命で、パリは焦土と廃跡になる筈だった。セーヌの橋や貴重な歴史的建築物は、爆破される寸前だった。パリの支配権をめぐる共産党とドゴール派レジスタンスの暗躍の中で、パリ一斉蜂起が勃発。いくつかの偶然で幸運な政治情勢とドイツ軍総司令官コルティッツ将軍の決意で、パリはごく少ない犠牲を出しただけで解放された。そうした劇的な歴史は『パリは燃えているか？』（ハヤカワ文庫）に手にとるように描かれている。

その舞台に華やかさをそえた1シーンは、米軍従軍記者としてパリ一番乗りを果たしたヘミングウェイのホテル・リッツの解放だった。埃まみれの一部隊を率いて華麗でデラックスなホテルのロビーに乱入する。驚く支配人にマティーニを61杯注文した。この情景は、世界中に報道され、ヘミングウェイを英雄にさせたし、ホテル・リッツをバーでも有名にさせた。

今でこそ、パリにはいろいろなバーがあるが、第二次大戦前までは本格的（というよりフランス的でない）バーは何軒もなかった。有名な文人や画家達は、モンパルナスのル・ドーム、レ・ドゥ・マゴ、ラ・ロトンドのようなカフェ・レストランに巣くって呑んだくれていた。ただ、有名なバーテンのジミーがいて、「デンゴ」、「ジョッキー」など数軒の店を転々としたが、彼が移ると客までがついて行った。このあたりは、『ロスト・ジェネレーションの食卓』（早川書房）が詳しい。リッツ・パリにバーがないわけではなかったが、リッツは贅沢だったから駆け出し文士時代のヘミングウェイがとぐろを巻けるところではなかった。ここに足を踏み入れるようになったのは、フィッツジェラルドに「デインゴ」で初めて出合って、その後連れて行ってもらってからである（本書では「デキシー」になっている）。第二次大戦後、ヘミングウェイの名とともに有名になって行ったのは本書に書かれているとおりである。

日本でカラバッジョを紹介するという偉業をなされたアプト・インターナショナルの小谷哲哉社長から、日本で出してくれる出版社がないだろうかと相談をもちかけられたのが、本書である。一目見て、挿し絵に惚れ込んだ。植田洋子さんは、パリに在住でご主人のエラール・スティフェルさんは、イタリア中世演劇の仮面研究おける第一人者（日本の能・狂言・伎楽の研究と面の彫刻もされ、フランスの人間国宝になっている）。何軒かの大手出版社に持ち込んだが、絵のトーンを出す印刷がコスト高につくため、何処も首を縦に振ってくれなかった。困っているのを知った西山蘭子さんが紹介して下さったのが里文出版の安藤秀幸社長。こんなに素晴らしい才能を持った日本人女性がいるなら是非とも紹介しなければと、即座に決定して下さった。

カクテル・ブックは巷に氾濫しているが、本書のように眺めて楽しく、出てくるのを飲みたくなるような本は少ない。本書は、フランス語版が主体で、英語版はリッツへ行かないと買えない。翻訳はミステリーの名訳者、山本やよいさんが訳して下さったのを、私が目を通した。また、カクテルの権威、福西英三さんが、原稿を読んで多くの誤りを指摘して下さった。本書の日本での出版について、力を借して下さった方々、ことに里文出版の安藤秀幸社長、編集部の辰野芳子さんに心からお礼を申し上げたい。

2003年5月　　山本 博

索　引

コリン・ピーター・フィールド
Colin Peter Field

1961年　英国生まれ。
1994年よりバー・ヘミングウェイのヘッド・バーテンダー。バー・ヘミングウェイのカクテルを不朽のものとし、新しく創作したカクテルでも名声を博している。また、さまざまなカクテルの歴史に精通している。2001年、『フォーブズ誌』によって世界で最も偉大なバーテンダーに選ばれた。

植田洋子
うえた　ようこ

1983年よりパリ在住。
フランスの週刊誌、月刊誌、日本では『フィガロ・ジャポン』にイラスト掲載。訳書に『カクテルブルースin N.Y.』『カクテルアンコールin N.Y.』、著書に『スノッブパラダイスin Paris』（いずれも求龍堂）がある。

山本　博
やまもと　ひろし

1931年　横浜市生まれ。
早稲田大学大学院卒。弁護士。
日本輸入ワイン協会会長。
ワイン関係を中心に翻訳、著述多数。訳書でも、マイケル・ジャクソン『世界のウイスキー』（鎌倉書房）、キングスレイ・エイミー『エヴリディ・ドリンキング』『洋酒雑学百科』（講談社）がある。

山本やよい
やまもと　やよい

1949年　岐阜県生まれ。
英米文学翻訳家。
主な訳書に、サラ・パレツキーのV・I・ウォーショースキー・シリーズ、『ロスト・ジェネレーションの食卓』〔山本博との共訳〕（以上、早川書房）、『天球の調べ』（新潮社）などがある。

リッツ・パリのカクテル物語

発　行　2003年6月12日
著　者　コリン・ピーター・フィールド
挿し絵　植田 洋子
訳　者　山本 博・山本やよい
発行者　安藤 秀幸
発行所　株式会社 里文《りぶん》出版
〒160-0022 東京都新宿区新宿3-32-10
tel. 03-3352-7322 fax.03-3352-7324
http://www.ribun.co.jp
振　替　00190-0-65033
印刷所　光陽印刷株式会社
製本所　小高製本工業株式会社

ISBN4-89806-043-9 C0077